BILINGUAL
SHORT STORIES FOR FINNISH LEARNERS

25 Short Stories in English and Finnish to Improve Your Reading Skills and Vocabulary

Mika Järvinen

Copyright © 2023 Mika Järvinen

All rights reserved.

Although the author and publisher have made every effort to ensure that the information presented in this book was correct at the present time, the author and publisher do not assume and hereby disclaim any liability to any party for any loss, damage, or disruption caused by errors or omissions, whether such errors or omissions result from negligence, accident, or any other cause.

This book was designed using resources from
www.freepik.com

polyglotpublications@gmail.com

CONTENTS

Introduction
Readers Guide
25 Short Stories in English and Finnish

Moonlit Secrets
Lost in Time
The Patchwork Quilt
A Moment of Serendipity
Dancing in the Rain
The Land of Giants
Enigma of the Vanishing Jewel
A Glimpse of Stardust
The Path to El Dorado
Quest for the Lost Crown
Cave of Wonders
The Whispering Windmill
Lost in the Wilderness
The Puzzle Box
Footsteps in the Mist
Vanishing Melodies
The Haunted Photograph
Enigmatic Whispers
Midnight Ciphers
Shattered Illusions
The Lost Treasure of Avalon
Voyage Through the Seven Continents
Lost Kingdom of Aramore
Captain Bloods Dagger
The Secret in Room 303

INTRODUCTION

Welcome to the captivating world of language learning! Introducing "Bilingual Short Stories for Finnish Learners," an innovative book designed to make your language learning journey truly immersive and enjoyable. Whether you're a beginner or an advanced learner, this book is your gateway to mastering Finnish while exploring a rich collection of short stories.

Why settle for tedious textbooks and dry language exercises when you can embark on an exciting adventure through the power of storytelling? In this groundbreaking book, we have carefully curated 25 captivating short stories, elegantly presented with the original English version on one page and the Finnish translation on the opposing page.

Immerse yourself in the rich tapestry of narratives that span various genres, from thrilling mysteries and heartwarming tales to thought-provoking dramas and whimsical adventures. Each story has been handpicked to entertain and engage your imagination while simultaneously enhancing your language skills.

But that's not all! We understand the importance of comprehension in language acquisition, which is why we have included a series of thought-provoking comprehension questions at the end of each story. These questions are thoughtfully crafted to challenge your understanding of the plot, characters, and linguistic nuances in both English and Finnish. By answering these questions, you will reinforce your grasp of the language while gaining valuable insights into the nuances embedded within each story.

With "Bilingual Short Stories for Finnish Learners," language learning becomes a dynamic and interactive experience. Say goodbye to rote memorization and hello to engaging narratives that keep you motivated and eager to learn. Each story serves as a stepping stone towards fluency, helping you develop vocabulary, grammar, and idiomatic expressions naturally and effortlessly.

Whether you're studying Finnish for academic purposes, travel, or personal growth, this book is your ideal companion. Engage with the stories at your own pace, lose yourself in the vivid landscapes, and unlock the language's secrets while expanding your cultural understanding.

Are you ready to embark on an exciting linguistic journey? Get ready to explore the world of language through enchanting stories with "Bilingual Short Stories for Finnish Learners." Open the book, turn the pages, and let the words come alive in your mind as you embark on an unforgettable adventure in language learning. Get started today and unlock the door to a new world of possibilities!

READERS GUIDE

Welcome to the Reader's Guide for "Bilingual Short Stories for Finnish Learners." This guide is designed to help you make the most out of your reading experience and maximize your language learning potential. By following these tips and strategies, you'll delve deeper into each story, enhance your vocabulary, and improve your comprehension skills. Let's get started!

Read Actively: Approach each story with an active mindset. Pay close attention to the bolded words in both the English and Finnish versions. These words are carefully selected to highlight key vocabulary and idiomatic expressions. Take note of their meanings and how they are used in context.

Contextual Understanding: As you encounter new vocabulary, try to grasp their meanings from the surrounding sentences or paragraphs. Understanding words in context will aid your comprehension and reinforce your memory of the language.

Language Comparison: Compare the English and Finnish versions of each story side by side. Observe how certain expressions and phrases are translated, and take note of any differences or similarities. This exercise will deepen your understanding of the language and its unique nuances.

Comprehension Questions: At the end of each story, you'll find a set of comprehension questions in both English and Finnish. Treat these questions as an opportunity to test your understanding and reinforce your language skills. Answer them thoughtfully, referring back to the story when needed, and pay attention to any new vocabulary or grammar concepts that arise.

Expand Your Vocabulary: Whenever you come across a new word, make it a habit to look up its meaning and write it down in a vocabulary notebook. Revisit these words regularly to reinforce your learning. You can also create flashcards or use language learning apps to practice and memorize new vocabulary.

Practice Pronunciation: Use the audio resources available, such as pronunciation guides or online resources, to practice pronouncing the words and phrases in Finnish. Pay attention to the intonation, stress, and rhythm of the language. Mimic native speakers to improve your own pronunciation.

Regular Reading Routine: Establish a regular reading routine with this book. Set aside dedicated time each day or week to read a story and answer the comprehension questions. Consistency is key in language learning, and regular practice will yield the best results.

Remember, "Bilingual Short Stories for Finnish Learners" is designed to be an engaging and interactive language learning tool. Approach each story with curiosity, embrace the challenges, and enjoy the journey. By actively engaging with the content and following the strategies outlined in this guide, you'll unlock the full potential of this book and accelerate your progress towards language fluency. **Happy reading!**

Moonlit Secrets

The full moon cast a silvery glow over the quiet **coastal** town of Eldoria, bathing its streets in an ethereal light. It was a place where secrets were whispered and mysteries were born. On this particular night, as the clock struck midnight, a peculiar event **unfolded**. Young Amelia, a curious girl with a heart full of wonder, was known for her nocturnal escapades. She would venture out into the night, driven by an insatiable thirst for adventure. Tonight was no **different**. As the town slept, she tiptoed through the cobblestone paths, her steps barely making a sound. Underneath a sprawling oak tree, Amelia discovered an old, forgotten **well**. Drawn to it like a moth to a flame, she peered inside, her hazel eyes widening in surprise. Instead of darkness, the well emitted a soft, enchanting glow, beckoning her to its depths.

Intrigued, Amelia hesitated for a moment before **climbing** down the moss-covered stones, descending into the unknown. As she reached the bottom, she found herself in a hidden underground **chamber**. It was filled with delicate, luminescent flowers, their petals glowing in various shades of blue. Amidst the enchanting flora, Amelia noticed a shimmering, moon-shaped locket resting atop a pedestal. Her hands trembled with anticipation as she picked it up, feeling an **inexplicable** connection. As she opened the locket,

Kuunvalon Salaisuudet

Täysikuu heitti hopeisen hehkun Eldorian hiljaisen rannikkokaupungin ylle ja kylvetti sen kadut eteeriseen valoon. Se oli paikka, jossa kuiskattiin salaisuuksia ja synnytettiin mysteerejä. Tänä yönä, kun kello löi keskiyöllä, **tapahtui** erikoinen tapahtuma. Nuori Amelia, utelias tyttö, jonka sydän oli täynnä ihmeitä, oli tunnettu yöllisistä seikkailuistaan. Hän uskaltautui ulos yöhön kyltymättömän seikkailunjanon ajamana. Tämä ilta ei ollut **erilainen**. Kaupungin nukkuessa hän asteli varpaillaan mukulakivipolkuja pitkin, tuskin ääntämättöminä. Runsaslukuisen tammen alta Amelia löysi vanhan, unohdetun **kaivon**. Se veti häntä puoleensa kuin koi liekkiä, hän kurkisti sisään ja hänen pähkinänruskeat silmänsä laajenivat yllätyksestä. Pimeyden sijasta kaivosta lähti pehmeä, lumoava hehku, joka kutsui häntä syvyyksiin.

Kiinnostuneena Amelia epäröi hetken ennen kuin **kiipesi** sammaleen peittämiä kiviä alas tuntemattomaan. Pohjalle päästyään hän huomasi olevansa maanalaisessa **kammiossa**. Se oli täynnä herkkiä, luminesoivia kukkia, joiden terälehdet hehkuivat sinisen eri sävyissä. Lumoavan kasviston keskellä Amelia huomasi hohtavan, kuun muotoisen medaljongin, joka lepäsi jalustalla. Hänen kätensä tärisivät odotuksesta, kun hän otti sen käteensä ja tunsi **selittämättömän** yhteyden. Kun hän avasi medaljongin,

a gust of wind blew through the chamber, causing the flowers to sway in an otherworldly dance. Suddenly, a faint whisper echoed through the air, carrying the words of **forgotten** tales and long-lost secrets. The moonlit chamber came alive as spectral figures materialized around Amelia, their shimmering forms resembling ancient guardians of wisdom.

The spirits, bathed in moonlight, revealed the **history** of Eldoria. They spoke of a time when the moon bestowed magical powers upon its inhabitants, filling their hearts with light and their dreams with endless possibilities. But as the town grew, the magic **faded**, hidden away in the depths of the well, awaiting a curious soul to unlock its secrets. Amelia listened, captivated by the tales of the moonlit past. Inspired by the spirits' words, she made a vow to **rekindle** the town's forgotten enchantment. With the locket clasped tightly in her hand, she ascended from the chamber, ready to **embrace** her destiny. The next morning, Eldoria awoke to a miraculous sight. The streets were adorned with moonlit flowers, their radiant glow breathing life into the town once again. The townspeople marveled at the magical transformation, their hearts filled with a newfound sense of wonder and possibility.

tuulenpuuska puhalsi kammion läpi ja sai kukat heilumaan tuonpuoleisessa tanssissa. Yhtäkkiä ilmassa kaikui heikko kuiskaus, joka toi mukanaan **unohdettujen** tarinoiden ja kauan sitten kadonneiden salaisuuksien sanoja. Kuun valaisema kammio heräsi eloon, kun Amelian ympärille materialisoitui aavemaisia hahmoja, joiden hohtavat muodot muistuttivat muinaisia viisauden vartijoita.

Kuunvalossa kylpevät henget paljastivat Eldorian **historian.** He puhuivat ajasta, jolloin kuu antoi asukkailleen maagisia voimia, täytti heidän sydämensä valolla ja unelmansa loputtomilla mahdollisuuksilla. Mutta kaupungin kasvaessa taika **hiipui**, ja se kätkeytyi kaivon syvyyksiin odottamaan uteliasta sielua, joka avaisi sen salaisuudet. Amelia kuunteli tarinoita kuutamoisen menneisyyden tarinoista lumoutuneena. Henkien sanojen innoittamana hän vannoi **herättävänsä** kaupungin unohdetun lumon **henkiin.** Medaljonki tiukasti kädessään hän nousi kammiosta, valmiina **tarttumaan** kohtaloonsa. Seuraavana aamuna Eldoria heräsi ihmeelliseen näkyyn. Kadut olivat koristeltu kuun valaisemilla kukilla, ja niiden säteilevä hehku antoi kaupungille jälleen elämän. Kaupunkilaiset ihmettelivät maagista muodonmuutosta, ja heidän sydämensä täyttyivät uudesta ihmeen ja mahdollisuuksien tunteesta.

Comprehension Questions

1. What color did the full moon cast over the coastal town of Eldoria?
2. What did Amelia discover underneath the sprawling oak tree?
3. How did the well appear to Amelia when she peered inside?
4. Describe the flowers in the hidden underground chamber.
5. What did Amelia find resting on a pedestal in the chamber?
6. How did Amelia feel when she picked up the moon-shaped locket?
7. What happened when Amelia opened the locket?
8. How did the spirits in the moonlit chamber appear?
9. What did the spirits reveal about the history of Eldoria?
10. How did Eldoria change after Amelia's encounter with the spirits and her vow to rekindle the town's enchantment?

Ymmärtämisen Kysymykset

1. Minkä värin täysikuu heitti Eldorian rannikkokaupungin ylle?
2. Mitä Amelia löysi rönsyilevän tammen alta?
3. Miltä kaivo näytti Amelian mielestä, kun hän kurkisti sisään?
4. Kuvaile kukkia maanalaisessa kammiossa.
5. Mitä Amelia löysi kammiosta jalustalta?
6. Miltä Amelia tuntui, kun hän otti kuunmuotoisen medaljongin käteensä?
7. Mitä tapahtui, kun Amelia avasi medaljongin?
8. Miten henget ilmestyivät kuunvalossa olevaan kammioon?
9. Mitä henget paljastivat Eldorian historiasta?
10. Miten Eldoria muuttui sen jälkeen, kun Amelia kohtasi henget ja vannoi elvyttävänsä kaupungin lumon?

Lost in Time

In the heart of a dense forest, **hidden** from the world, stood an ancient stone circle known as the Whispering Stones. Legend had it that these mystical stones possessed the power to transport those who entered their center to a different time and place. Many had heard tales of the circle's magic, but few had dared to venture near it. One day, a young traveler named Ethan found himself wandering through the forest. Drawn by an **inexplicable** force, he stumbled upon the Whispering Stones. The sun was setting, casting an orange glow over the weathered stones, as if inviting Ethan into their mystical realm. Curiosity gripped him, and he cautiously stepped into the center of the circle. Suddenly, a surge of **energy** coursed through his body, and he felt the ground beneath him tremble. Before he knew it, the world around him began to blur, and he was **transported** through time.

Ethan found himself in a bustling medieval village, surrounded by thatched-roof houses and villagers going about their daily **routines**. The air was filled with the clinking of blacksmith hammers and the sound of laughter echoing through the streets. The village seemed untouched by the passage of time. Confused yet intrigued, Ethan embarked on a **journey** of exploration. He learned the ways of the villagers, the ancient customs, and the tales of long-forgotten

Kadonnut Ajassa

Tiheän metsän sydämessä, **piilossa** maailmalta, sijaitsi muinainen kivikehä, joka tunnetaan nimellä Kuiskauskivet. Legendan mukaan näillä mystisillä kivillä oli voima siirtää niiden keskelle astuvat toiseen aikaan ja paikkaan. Monet olivat kuulleet tarinoita ympyrän taikuudesta, mutta harva oli uskaltanut mennä sen lähelle. Eräänä päivänä nuori matkustaja nimeltä Ethan löysi itsensä vaeltelemasta metsässä. **Selittämättömän** voiman vetämänä hän törmäsi Kuiskauskiviin. Aurinko oli laskemassa ja heitti oranssin hehkun ikään kuin kutsuen Ethanin niiden mystiseen valtakuntaan. Uteliaisuus valtasi hänet, ja hän astui varovasti ympyrän keskelle. Yhtäkkiä hänen kehossaan velloi **energiavyöry,** ja hän tunsi maan tärisevän allaan. Ennen kuin hän huomasikaan, maailma hänen ympärillään alkoi hämärtyä, ja hän **siirtyi** ajassa.

Ethan löysi itsensä vilkkaasta keskiaikaisesta kylästä, jota ympäröivät tuohikattoiset talot ja kyläläiset, jotka hoitivat päivittäisiä **rutiinejaan.** Ilma oli täynnä seppien vasaroiden kilinää ja naurun ääni kaikui kaduilla. Ajan kuluminen ei näyttänyt vaikuttaneen kylään. Hämmentyneenä mutta kiinnostuneena Ethan lähti tutkimusmatkalle. Hän tutustui kyläläisten tapoihin, muinaisiin tapoihin ja tarinoihin kauan sitten unohdetuista sankareista. Jokainen nurkka kätki sisäänsä uuden salaisuuden, ja

heroes. Every corner held a new secret, and every encounter deepened his **connection** to this ancient world. Days turned into weeks, and weeks turned into months. Ethan became an integral part of the village, forming friendships and sharing in their joys and sorrows. He found **solace** in the simplicity of their lives, far removed from the chaos of the modern world.

However, as time passed, Ethan began to yearn for his own time, his own life. The village had become his home, but a part of him longed to return to his loved ones, to the **familiar** embrace of the **present**. With a heavy heart, Ethan made his way back to the Whispering Stones, hoping to find a way to return to his own time. As he stepped into the center of the circle once more, the stones whispered their farewell, bidding him farewell with a **gentle** gust of wind. In an instant, Ethan was back in the present, standing amidst the towering trees of the forest. His heart was filled with bittersweet **memories** of the village and the people he had left behind. The experience had changed him, teaching him the value of the present while cherishing the past.

jokainen kohtaaminen syvensi hänen **yhteyttään** tähän muinaiseen maailmaan. Päivät muuttuivat viikoiksi ja viikot kuukausiksi. Ethanista tuli olennainen osa kyläläisiä, hän solmi ystävyyssuhteita ja osallistui heidän iloihinsa ja suruihinsa. Hän löysi **lohtua** heidän elämänsä yksinkertaisuudesta, joka oli kaukana nykymaailman kaaoksesta.

Ajan kuluessa Ethan alkoi kuitenkin kaivata omaa aikaa, omaa elämää. Kylästä oli tullut hänen kotinsa, mutta osa hänestä kaipasi palata rakkaittensa luokse, **nykyhetken tuttuun** syleilyyn. Raskain mielin Ethan lähti takaisin Kuiskauskiville toivoen löytävänsä keinon palata omaan aikaansa. Kun hän astui jälleen kerran ympyrän keskelle, kivet kuiskasivat jäähyväiset ja hyvästelivät hänet **lempeällä** tuulenpuuskalla. Hetkessä Ethan oli takaisin nykyhetkessä, metsän korkeiden puiden keskellä. Hänen sydämensä oli täynnä katkeransuloisia **muistoja** kylästä ja ihmisistä, jotka hän oli jättänyt taakseen. Kokemus oli muuttanut häntä, opettanut hänelle nykyhetken arvon ja samalla menneisyyden vaalimisen.

Comprehension Questions

1. What is the name of the ancient stone circle in the dense forest?
2. According to legend, what power do the Whispering Stones possess?
3. How did Ethan come across the Whispering Stones?
4. Describe the setting when Ethan entered the stone circle.
5. What kind of village did Ethan find himself in after being transported through time?
6. What were some of the sounds and activities happening in the medieval village?
7. How did Ethan feel about his new surroundings?
8. How did Ethan become connected to the ancient world he found himself in?
9. What made Ethan start longing for his own time and life?
10. What happened when Ethan returned to the Whispering Stones to try to go back to his own time?

Ymmärtämisen Kysymykset

1. Mikä on tiheässä metsässä olevan muinaisen kivikehän nimi?
2. Mitä voimaa Kuiskauskivillä on legendan mukaan?
3. Miten Ethan törmäsi Kuiskauskiviin?
4. Kuvaile ympäristöä, jossa Ethan astui kiviympyrään.
5. Millaisesta kylästä Ethan löysi itsensä aikamatkustuksen jälkeen?
6. Millaisia ääniä ja toimintoja keskiaikaisessa kylässä kuului?
7. Miltä Ethanista tuntui uusi ympäristö?
8. Miten Ethan liittyi muinaiseen maailmaan, josta hän löysi itsensä?
9. Mikä sai Ethanin kaipaamaan omaa aikaa ja elämää?
10. Mitä tapahtui, kun Ethan palasi Kuiskauskiville yrittäessään palata omaan aikaansa?

The Patchwork Quilt

In a cozy cottage nestled on the outskirts of a small village, lived an elderly woman named Beatrice. Her nimble fingers were adorned with **countless** needle pricks and her eyes held the wisdom of a lifetime. Beatrice had spent years crafting a patchwork quilt, each piece **carefully** chosen and stitched with love. The quilt was a tapestry of memories. It held fragments of her childhood, her dreams, and the stories of her ancestors. Each patch represented a different chapter of her life, a moment etched forever in her heart. As Beatrice worked on the quilt, she would **reminisce** about the moments it captured. The vibrant blue square was from the dress she wore when she danced under a summer sky with her sweetheart. The delicate pink patch reminded her of the roses she received on her wedding day. And the faded brown **square** brought back memories of her father, who carved it from a piece of driftwood during their seaside vacations.

The quilt was not only a physical creation but a labor of love, patience, and resilience. Beatrice poured her heart and soul into every stitch, knowing that each thread held a piece of her **identity**. When the quilt was finally complete, Beatrice marveled at its beauty. It was a testament to her life, a reflection of the **tapestry** of moments that had woven together to create the woman she had

Tilkkutäkki

Viihtyisässä mökissä pienen kylän laitamilla asui Beatrice-niminen iäkäs nainen. Hänen näppäriä sormiaan koristivat **lukemattomat** neulanpistot, ja hänen silmissään oli elämänmittainen viisaus. Beatrice oli käyttänyt vuosia tilkkutäkkinsä valmistamiseen, jonka jokainen pala oli **huolella** valittu ja ommeltu rakkaudella. Tilkkutäkki oli muistojen kudos. Se sisälsi palasia hänen lapsuudestaan, unelmistaan ja esi-isiensä tarinoista. Jokainen tilkkutäkki edusti eri lukua hänen elämästään, hetkeä, joka oli ikuisesti hänen sydämeensä kaiverrettu. Kun Beatrice työsti peittoa, hän **muisteli** siihen tallentuneita hetkiä. Värikäs sininen ruutu oli peräisin mekosta, jota hän käytti tanssiessaan kesätaivaan alla rakkaansa kanssa. Hento vaaleanpunainen laikku muistutti häntä ruusuista, jotka hän sai hääpäivänään. Ja haalistunut ruskea **neliö** toi mieleen muistoja hänen isästään, joka oli veistänyt sen ajopuun palasta heidän merenrantalomillaan.

Tilkkutäkki ei ollut vain fyysinen luomus, vaan rakkauden, kärsivällisyyden ja kestävyyden työ. Beatrice uhrasi sydämensä ja sielunsa jokaiseen ompeleeseen tietäen, että jokainen lanka sisälsi palan hänen **identiteettiään**. Kun peitto oli vihdoin valmis, Beatrice ihmetteli sen kauneutta. Se oli osoitus hänen elämästään, heijastus niistä hetkistä, jotka olivat kietoutuneet yhteen luodaksesi sen

become. She laid the quilt on her bed, where it transformed the room into a sanctuary of warmth and comfort. Word of Beatrice's **patchwork** quilt spread throughout the village, and soon neighbors and friends came to marvel at its intricate design. They were captivated by the stories it told, the emotions it evoked. Some would shed tears as they recognized a **fragment** of their own lives within the quilt's colorful embrace.

Realizing the impact her quilt had on others, Beatrice decided to share its magic beyond the confines of her **cottage**. She organized an exhibition, inviting people from near and far to witness the power of the patchwork quilt. The humble cottage became a haven of **artistry** and storytelling, drawing crowds eager to be moved by its warmth and depth. Through the quilt, Beatrice connected with people from all walks of life. Strangers became friends, united by the shared **experience** of basking in the quilt's intricate tapestry. The patchwork quilt became a symbol of unity, reminding everyone of the beauty that lies in the diverse threads of human **existence**.

naisen, joka hänestä oli tullut. Hän laski peiton sängylleen, jossa se muutti huoneen lämmön ja mukavuuden pyhäköksi. Sana Beatricen tilkkutäkistä levisi koko kylässä, ja pian naapurit ja ystävät tulivat ihailemaan sen monimutkaista suunnittelua. He olivat ihastuneita sen kertomiin tarinoihin ja tunteisiin, joita se herätti. Jotkut vuodattivat kyyneleitä, kun he tunnistivat peiton värikkäässä syleilyssä **palasen** omasta elämästään.

Kun Beatrice ymmärsi, millainen vaikutus hänen peitollaan oli muihin, hän päätti jakaa sen taikaa **mökkinsä** ulkopuolella. Hän järjesti näyttelyn ja kutsui ihmisiä läheltä ja kaukaa todistamaan tilkkutäkin voimaa. Vaatimattomasta mökistä tuli **taiteellisuuden** ja tarinankerronnan tyyssija, joka keräsi väkijoukkoja, jotka halusivat innokkaasti liikuttua sen lämmöstä ja syvyydestä. Tilkkutäkin kautta Beatrice oli yhteydessä ihmisiin kaikilla elämänalueilla. Tuntemattomista tuli ystäviä, joita yhdisti yhteinen **kokemus,** kun he paistattelivat peiton monimutkaisessa kudelmassa. Tilkkutäkistä tuli yhtenäisyyden symboli, joka muistutti kaikkia siitä kauneudesta, joka piilee **ihmiselämän** moninaisissa säikeissä.

Comprehension Questions

1. What was the name of the elderly woman who lived in the cozy cottage?
2. How did Beatrice's fingers reflect her dedication to her craft?
3. What kind of memories did the patchwork quilt hold for Beatrice?
4. What did each patch on the quilt represent?
5. How did Beatrice feel as she worked on the quilt?
6. Can you describe the significance of the vibrant blue square and the delicate pink patch?
7. What memory did the faded brown square bring back for Beatrice?
8. Besides being a physical creation, what else did the quilt represent?
9. How did the quilt transform Beatrice's bedroom?
10. Why did Beatrice decide to share her quilt beyond her cottage and organize an exhibition?

Ymmärtämisen Kysymykset

1. Mikä oli viihtyisässä mökissä asuneen vanhan naisen nimi?
2. Miten Beatricen sormet kuvastivat hänen omistautumistaan käsityölleen?
3. Millaisia muistoja tilkkutäkki säilytti Beatricelle?
4. Mitä kukin tilkkutäkki edusti?
5. Miltä Beatricesta tuntui, kun hän työsti peittoa?
6. Voitteko kuvailla, mikä merkitys on eloisalla sinisellä neliöllä ja herkällä vaaleanpunaisella laikalla?
7. Minkä muiston haalistunut ruskea neliö toi Beatricen mieleen?
8. Mitä muuta peitto edusti sen lisäksi, että se oli fyysinen luomus?
9. Miten peitto muutti Beatricen makuuhuoneen?
10. Miksi Beatrice päätti jakaa peittonsa mökkinsä ulkopuolella ja järjestää näyttelyn?

A Moment of Serendipity

In the bustling heart of a city, where the **rhythm** of life moved at an unrelenting pace, there existed a tiny café. Its walls were adorned with vintage artwork, and the aroma of freshly brewed **coffee** filled the air. The café was a haven, a sanctuary for those seeking respite from the chaos of the outside world. One fateful morning, as the sun painted the sky with hues of gold and amber, a young woman named Lily found herself drawn to the café. With her heart **heavy** and her mind burdened by the weight of responsibilities, she sought solace within its cozy confines. Lily settled into a corner table, her thoughts swirling like a tempest. She gazed out the window, watching as people hurried by, lost in their own worlds. The melancholy within her grew, until it threatened to consume her **entirely**. As if sensing her despair, the café's owner, a kind-hearted man named Thomas, approached her table. His gentle smile and warm presence brought a glimmer of comfort to Lily's weary soul.

"Is everything alright, my dear?" Thomas asked, his voice laced with concern. Lily hesitated for a moment, her emotions threatening to spill over. And then, with a sigh, she poured her heart out to Thomas. She spoke of dreams deferred, of the weight of **expectations**, and the relentless pace of life. Her words carried the echoes of countless souls who had found themselves lost in the

Serendipityn Hetki

Kaupungin vilkkaassa sydämessä, jossa elämän **rytmi** liikkui armotonta tahtia, oli pieni kahvila. Sen seiniä koristivat vintage-taideteokset, ja vastakeitetyn **kahvin** tuoksu täytti ilman. Kahvila oli turvapaikka niille, jotka etsivät hengähdystaukoa ulkomaailman kaaoksesta. Eräänä kohtalokkaana aamuna, kun aurinko maalasi taivaan kullan ja meripihkan sävyihin, nuori nainen nimeltä Lily huomasi, että kahvila veti häntä puoleensa. Hänen sydämensä oli **raskas** ja hänen mielensä taakkana vastuun painolastina, ja hän etsi lohtua kahvilan viihtyisistä tiloista. Lily asettui nurkkapöytään, ja hänen ajatuksensa pyörivät kuin myrsky. Hän katseli ikkunasta ulos ja seurasi, kuinka ihmiset kiirehtivät ohi, omiin maailmoihinsa eksyneinä. Melankolia hänen sisällään kasvoi, kunnes se uhkasi nielaista hänet **kokonaan**. Aivan kuin hän olisi aistinut epätoivonsa, kahvilan omistaja, hyväsydäminen mies nimeltä Thomas, lähestyi hänen pöytäänsä. Hänen lempeä hymynsä ja lämmin läsnäolonsa toivat Lilyn väsyneeseen sieluun lohdutuksen pilkahduksen.

"Onko kaikki hyvin, kultaseni?" Thomas kysyi, hänen äänessään oli huolta. Lily epäröi hetken, ja hänen tunteensa uhkasivat valua yli. Sitten hän huokaisi ja vuodatti sydämensä Thomasille. Hän puhui unelmista, joita ei ole toteutettu, **odotusten** painosta ja elämän armottomasta tahdista. Hänen sanoissaan kaikui lukemattomien

city's **relentless** pursuit of progress. Thomas listened attentively, his eyes filled with empathy. And when Lily fell silent, he reached behind the counter and produced a worn, leather-bound book. Its pages were **weathered** and dog-eared, a testament to the countless hands that had sought solace within its stories. "Take this," Thomas said, his voice soft yet filled with conviction. "This book holds stories of hope, of **serendipity**. It has brought solace to many who have found themselves at a crossroads."

Lily accepted the book, her fingers tracing the well-worn cover. She felt a surge of **gratitude** for this moment of serendipity, this unexpected connection with a stranger who understood her pain. For days and nights, Lily immersed herself in the stories contained within the pages of the book. Each tale whispered of new **beginnings**, of unexpected encounters, and the profound beauty that can emerge from the depths of **despair**. Slowly but surely, Lily's heavy heart began to lighten. The weight of the world seemed less burdensome as she discovered that even in the darkest of moments, a flicker of serendipity could spark a **transformative** journey.

sielujen kaiku, jotka olivat eksyneet kaupungin **armottomaan** edistyksen tavoitteluun. Thomas kuunteli tarkkaavaisesti, ja hänen silmänsä täyttyivät empatiasta. Kun Lily vaikeni, hän kurkotti tiskin taakse ja otti esiin kuluneen, nahkakantisen kirjan. Sen sivut olivat **kuluneet** ja kuluneet, todiste siitä, että lukemattomat kädet olivat etsineet lohtua sen tarinoista. "Ota tämä", Thomas sanoi, hänen äänensä oli pehmeä mutta täynnä vakuuttavuutta. "Tässä kirjassa on tarinoita toivosta ja **sattumasta**. Se on tuonut lohtua monille, jotka ovat löytäneet itsensä tienhaarasta."

Lily otti kirjan vastaan, ja hänen sormensa piirtelivät kulunutta kantta. Hän tunsi **kiitollisuutta** tästä sattumanvaraisesta hetkestä, tästä odottamattomasta yhteydestä muukalaiseen, joka ymmärsi hänen tuskansa. Päivien ja öiden ajan Lily uppoutui kirjan sivujen sisältämiin tarinoihin. Jokainen tarina kuiskasi uusista **alkuista**, odottamattomista kohtaamisista ja syvällisestä kauneudesta, joka voi nousta **epätoivon** syvyyksistä. Hitaasti mutta varmasti Lilyn raskas sydän alkoi keventyä. Maailman paino tuntui kevyemmältä, kun hän huomasi, että synkimmilläkin hetkillä sattuman pilkahdus saattoi synnyttää **mullistavan** matkan.

Comprehension Questions

1. Describe the atmosphere of the café in the bustling city.
2. What drew Lily to the café?
3. How did Lily feel when she settled into a corner table?
4. Who approached Lily's table in the café, and what was his name?
5. What did Lily share with Thomas?
6. What did Thomas give to Lily in response to her despair?
7. How would you describe the book that Thomas gave to Lily?
8. How did Lily feel upon receiving the book?
9. What did Lily discover as she immersed herself in the stories within the book?
10. How did Lily's perspective and emotional state change as she read the stories?

Ymmärtämisen Kysymykset

1. Kuvaile kahvilan tunnelmaa vilkkaassa kaupungissa.
2. Mikä veti Lilyn kahvilaan?
3. Miltä Lilystä tuntui, kun hän asettui nurkkapöytään?
4. Kuka lähestyi Lilyn pöytää kahvilassa, ja mikä oli hänen nimensä?
5. Mitä Lily kertoi Thomasille?
6. Mitä Thomas antoi Lilylle vastauksena tämän epätoivoon?
7. Miten kuvailisit kirjaa, jonka Thomas antoi Lilylle?
8. Miltä Lilystä tuntui, kun hän sai kirjan?
9. Mitä Lily sai selville uppoutuessaan kirjan tarinoihin?
10. Miten Lilyn näkökulma ja tunnetila muuttuivat, kun hän luki tarinoita?

Dancing in the Rain

The gray clouds rolled across the sky, casting a **shadow** over the bustling city. The streets were drenched from the gentle drizzle, and umbrellas popped open like mushrooms, dotting the landscape with bursts of color. Among the sea of hurried **commuters**, a young woman named Lily stood, her heart yearning for something more. Lily had always been captivated by the rain. While others sought shelter, she found solace in the delicate droplets that fell from the **heavens**. She longed to dance in the rain, to let it wash away her worries and ignite her spirit. But societal norms held her back, urging her to conform and stay dry. One gloomy afternoon, as the rain fell in a steady **rhythm**, Lily couldn't suppress her desire any longer. She threw caution to the wind, disregarded the curious gazes around her, and stepped out onto the glistening pavement. With each step, the rain embraced her, soothing her restless soul.

Her movements began timidly, hesitant as a **newborn** bird learning to fly. The drops fell around her, composing a symphony of nature's melodies. But as the rain's embrace grew stronger, so did her courage. She twirled, her arms stretched wide, and the raindrops became her dance partners. The world transformed around her as she spun, her body becoming a **vessel** of joy and freedom. She closed her eyes, surrendering to the enchantment of the moment.

Tanssii Sateessa

Harmaat pilvet vyöryivät taivaalla ja heittivät **varjon** vilkkaan kaupungin ylle. Kadut olivat läpimärät lempeästä tihkusateesta, ja sateenvarjot avautuivat kuin sienet ja värjäsivät maisemaa. Kiireisten **työmatkalaisten joukossa** seisoi nuori nainen nimeltä Lily, jonka sydän kaipasi jotain enemmän. Sade oli aina kiehtonut Lilyä. Kun muut etsivät suojaa, hän löysi lohtua **taivaalta** putoavista hennoista pisaroista. Hän kaipasi tanssia sateessa, antaa sen huuhdella huolet pois ja sytyttää hengen. Mutta yhteiskunnalliset normit pidättelivät häntä ja kehottivat häntä mukautumaan ja pysymään kuivana. Eräänä synkkänä iltapäivänä, kun sade satoi tasaiseen **tahtiin**, Lily ei pystynyt enää tukahduttamaan haluaan. Hän heitti varovaisuuden tuuleen, jätti huomiotta uteliaat katseet ympärillään ja astui ulos kimmeltävälle jalkakäytävälle. Jokaisella askeleella sade syleili häntä ja rauhoitti hänen levotonta sieluaan.

Hänen liikkeensä alkoivat arkaillen, epäröiden kuin **vastasyntynyt** lintu, joka opettelee lentämään. Pisarat putoilivat hänen ympärillään säveltäen luonnon melodioiden sinfonian. Mutta sateen syleilyn voimistuessa hänen rohkeutensa kasvoi. Hän pyörähti, kädet levällään, ja sadepisaroista tuli hänen tanssipartnereitaan. Maailma muuttui hänen ympärillään, kun hän pyörähti, ja hänen kehostaan tuli ilon ja vapauden **astia.** Hän sulki silmänsä antautuen

The raindrops danced on her skin, mingling with her laughter, and together they created a **choreography** known only to them. Soon, passersby couldn't help but notice Lily's ethereal dance. Curiosity turned to admiration as they watched her radiant smile light up the gloomy streets. One by one, they shed their umbrellas and joined her in the rain, their movements weaving a **tapestry** of shared liberation.

In that moment, the rain became a catalyst for unity. Strangers danced together, **transcending** the barriers of age, race, and social status. The city, usually defined by its divisions, found solace in the unifying power of nature's symphony. As the rain subsided, leaving behind **puddles** and gleaming smiles, Lily realized the profound impact her act of defiance had created. She had shown a city consumed by routine the beauty of surrendering to the **present** moment. The ordinary had become extraordinary, and the world had been reminded of the simple pleasures of life. From that day forward, the city carried the memory of the Rain Dance in its collective **heart**.

hetken lumoon. Sadepisarat tanssivat hänen ihollaan, sekoittuivat hänen nauruunsa, ja yhdessä he loivat **koreografian,** jonka vain he tunsivat. Pian ohikulkijat eivät voineet olla huomaamatta Lilyn eteeristä tanssia. Uteliaisuus muuttui ihailuksi, kun he katselivat, kuinka hänen säteilevä hymynsä valaisi synkkiä katuja. Yksi kerrallaan he luopuivat sateenvarjoistaan ja liittyivät Lilyyn sateessa, ja heidän liikkeensä kutoivat yhteisen vapautumisen **kudoksen.**

Tuona hetkenä sateesta tuli yhtenäisyyden katalysaattori. Tuntemattomat ihmiset tanssivat yhdessä ja **ylittivät** iän, rodun ja sosiaalisen aseman rajat. Kaupunki, jota yleensä määrittävät erimielisyydet, löysi lohtua luonnon sinfonian yhdistävästä voimasta. Kun sade laantui jättäen jälkeensä **lätäköitä** ja hohtavia hymyjä, Lily tajusi, millaisen syvällisen vaikutuksen hänen uhmakkuutensa oli saanut aikaan. Hän oli näyttänyt rutiinin nielemälle kaupungille, miten kaunista on antautua nykyhetkelle. Tavallisesta oli tullut poikkeuksellista, ja maailmaa oli muistutettu elämän yksinkertaisista iloista. Siitä päivästä lähtien kaupunki kantoi sadetanssin muistoa yhteisessä **sydämessään**.

Comprehension Questions

1. How did the gray clouds affect the city?
2. What was the state of the streets due to the rain?
3. What did Lily find solace in?
4. Why did societal norms hold Lily back from dancing in the rain?
5. What did Lily do on the gloomy afternoon when it rained?
6. How did Lily's movements change as she danced in the rain?
7. How did passersby react to Lily's dance?
8. What did the rain symbolize in the story?
9. How did the rain dance impact the city and its people?
10. How did Lily feel after realizing the impact of her dance?

Ymmärtämisen Kysymykset

1. Miten harmaat pilvet vaikuttivat kaupunkiin?
2. Millaisessa kunnossa kadut olivat sateen vuoksi?
3. Mistä Lily löysi lohtua?
4. Miksi yhteiskunnalliset normit estivät Lilyä tanssimasta sateessa?
5. Mitä Lily teki synkkänä iltapäivänä, kun satoi?
6. Miten Lilyn liikkeet muuttuivat, kun hän tanssi sateessa?
7. Miten ohikulkijat reagoivat Lilyn tanssiin?
8. Mitä sade symboloi tarinassa?
9. Miten sadetanssi vaikutti kaupunkiin ja sen asukkaisiin?
10. Miltä Lilystä tuntui tanssinsa vaikutuksen tultua selväksi?

The Land of Giants

In a time long forgotten, there existed a mythical land known as the Land of Giants. Nestled between towering mountains and lush forests, this enchanting realm was said to be home to **extraordinary** creatures of colossal proportions. Legends whispered of enormous beings, their heads brushing against the clouds, their footsteps shaking the very ground they **tread** upon. It was a land where trees grew to unthinkable heights, their branches reaching for the heavens, providing shelter for the giants and casting shadows that seemed to stretch for miles. One day, a young adventurer named Amelia set out on a journey to find this **mythical** land. Armed with a heart full of courage and a map passed down through generations, she braved treacherous **terrains**, traversing through dense jungles and crossing roaring rivers. Days turned into weeks, but Amelia's determination never wavered. She overcame countless obstacles, driven by her insatiable curiosity to witness the wonders that lay beyond. And finally, her perseverance paid off.

As the sun dipped below the horizon, painting the sky in vibrant hues, Amelia found herself standing at the edge of the Land of Giants. The air crackled with an otherworldly **energy**, and a sense of awe filled her every fiber. Amelia ventured deeper into the land, her eyes widening in **amazement** at every turn. She marveled at

Jättiläisten Maa

Kauan sitten unohdetussa ajassa oli olemassa myyttinen maa, joka tunnettiin nimellä Jättiläisten maa. Tämä lumoava valtakunta sijaitsi korkeiden vuorten ja rehevien metsien välissä, ja sen sanottiin olevan koti **erikoisille**, valtavan kokoisille olennoille. Legendat kuiskivat valtavista olennoista, joiden päät koskettivat pilviä ja joiden askeleet tärisyttivät maata, jolle ne **astuivat**. Se oli maa, jossa puut kasvoivat käsittämättömän korkeiksi, niiden oksat kurkottivat taivaaseen, tarjosivat suojaa jättiläisille ja heittivät varjoja, jotka näyttivät ulottuvan kilometrien päähän. Eräänä päivänä nuori seikkailija Amelia lähti matkalle löytääkseen tämän **myyttisen** maan. Hänellä oli rohkea sydän ja sukupolvelta toiselle periytyvä kartta, ja hän uhmasi petollisia **maastoja**, kulki läpi tiheiden viidakoiden ja ylitti pauhaavat joet. Päivistä tuli viikkoja, mutta Amelian päättäväisyys ei horjunut koskaan. Hän ylitti lukemattomia esteitä kyltymättömän uteliaisuutensa innoittamana, sillä hän halusi nähdä ihmeitä, joita tuolla takana oli. Lopulta hänen sinnikkyytensä tuotti tulosta.

Kun aurinko laskeutui horisontin alapuolelle ja maalasi taivaan värikkäisiin sävyihin, Amelia huomasi seisovansa jättiläisten maan reunalla. Ilmassa oli tuonpuoleista **energiaa**, ja kunnioituksen tunne täytti hänen jokaista soluaan. Amelia uskaltautui syvemmälle

the colossal trees that seemed to scrape the **heavens**, their trunks thicker than castle walls. Flowers bloomed in vibrant colors, their petals large enough for her to use as makeshift umbrellas. But it was the giants themselves that truly stole Amelia's breath away. Towering over her, they moved with an elegant grace, their footsteps resonating like distant **thunder**. Their laughter boomed through the valleys, carrying with it a warmth that enveloped Amelia's heart.

As Amelia explored, she discovered that the giants were not the **fearsome** creatures of her imagination. They possessed wisdom beyond measure and hearts as gentle as summer breezes. They welcomed her with open arms, sharing tales of ancient times and teaching her the secrets of the land they called home. Amelia learned that the giants were **protectors** of the natural world, nurturing the forests and caring for the creatures that dwelled within. They spoke of the delicate **balance** of life, and the importance of cherishing and preserving the wonders that surrounded them. Days turned into weeks, and weeks turned into months, as Amelia immersed herself in the Land of Giants. She grew to love these magnificent beings, and they in turn **embraced** her as one of their own.

maahan, ja hänen silmänsä laajenivat **hämmästyksestä** joka käänteessä. Hän ihmetteli jättimäisiä puita, jotka näyttivät raapivan **taivasta** ja joiden rungot olivat paksumpia kuin linnanmuurit. Kukat kukkivat elinvoimaisissa väreissä, ja niiden terälehdet olivat niin suuria, että hän pystyi käyttämään niitä tilapäisinä sateenvarjoina. Mutta itse jättiläiset veivät Amelialta hengen. Ne kohosivat hänen ylitseen ja liikkuivat tyylikkäästi, ja niiden askeleet kaikuivat kuin kaukainen **ukkonen**. Heidän naurunsa pauhasi laaksojen läpi, ja sen mukana kulki lämpö, joka valtasi Amelian sydämen.

Kun Amelia tutki aluetta, hän huomasi, että jättiläiset eivät olleetkaan hänen mielikuvituksensa **pelottavia** olentoja. Heillä oli mittaamattoman paljon viisautta ja sydämet olivat lempeät kuin kesätuulet. Ne ottivat hänet avosylin vastaan, kertoivat tarinoita muinaisista ajoista ja opettivat hänelle kotimaansa salaisuuksia. Amelia oppi, että jättiläiset olivat luonnon **suojelijoita**, jotka vaalivat metsiä ja pitivät huolta niiden asukkaista. He puhuivat elämän herkästä **tasapainosta** ja siitä, kuinka tärkeää oli vaalia ja säilyttää heitä ympäröiviä ihmeitä. Päivät muuttuivat viikoiksi ja viikot kuukausiksi, kun Amelia uppoutui jättiläisten maahan. Hän oppi rakastamaan näitä upeita olentoja, ja ne puolestaan **ottivat** hänet omakseen.

Comprehension Questions

1. What was the mythical land called?
2. How were the giants described in the legends?
3. What kind of terrain did Amelia have to brave in her journey?
4. What drove Amelia to continue her journey despite the obstacles?
5. What did Amelia feel as she stood at the edge of the Land of Giants?
6. What amazed Amelia as she ventured deeper into the land?
7. Describe the giants' appearance and movements.
8. What qualities did the giants possess according to Amelia's discoveries?
9. What role did the giants play in the natural world?
10. How did Amelia's relationship with the giants evolve over time?

Ymmärtämisen Kysymykset

1. Mikä oli myyttisen maan nimi?
2. Miten jättiläisiä kuvattiin legendoissa?
3. Minkälaista maastoa Amelia joutui urheilemaan matkallaan?
4. Mikä sai Amelian jatkamaan matkaansa esteistä huolimatta?
5. Mitä Amelia tunsi seisoessaan jättiläisten maan reunalla?
6. Mikä hämmästytti Ameliaa, kun hän uskaltautui syvemmälle maahan?
7. Kuvaile jättiläisten ulkonäköä ja liikkeitä.
8. Mitä ominaisuuksia jättiläisillä oli Amelian löytöjen mukaan?
9. Mikä rooli jättiläisillä oli luonnossa?
10. Miten Amelian suhde jättiläisiin kehittyi ajan myötä?

Enigma of the Vanishing Jewel

In the heart of a sleepy town nestled among rolling hills, a legend whispered through the streets—an enigma that had puzzled **generations**. It was the tale of the Vanishing Jewel, a precious gem said to possess unimaginable power. Its vibrant hues shifted and danced like liquid fire, captivating all who laid eyes upon it. Yet, as the stories went, anyone who possessed the **jewel** would find it disappearing from their grasp, only to reappear elsewhere, tempting yet eluding all who sought it. Among the townsfolk was a young woman named Evelyn, whose heart burned with curiosity and **adventure**. Drawn to the mystery surrounding the Vanishing Jewel, she embarked on a quest to uncover its secrets. Armed with determination and a hint of trepidation, Evelyn set off, following whispers and ancient maps that led her through hidden passages and **forgotten** tombs.

The path was treacherous, filled with riddles and traps designed to deter any would-be seekers. But Evelyn, guided by her unwavering **resolve**, pressed on. Through moonlit nights and sunlit days, she navigated ancient ruins and mystical forests, her mind focused on the jewel that had eluded countless others before her. Finally, after months of tireless **pursuit**, Evelyn found herself standing at the entrance of a hidden cave. A soft, ethereal glow emanated from

Kadonneen Jalokiven Arvoitus

Kumpuilevien kukkuloiden keskellä sijaitsevan uneliaan kaupungin sydämessä kuiskasi kaduilla legenda - arvoitus, joka oli askarruttanut **sukupolvia**. Se oli tarina katoavasta jalokivestä, kallisarvoisesta jalokivestä, jolla sanottiin olevan käsittämättömiä voimia. Sen elinvoimaiset värit vaihtelivat ja tanssivat kuin nestemäinen tuli, ja se kiehtoi kaikkia, jotka näkivät sen. Tarinoiden mukaan jokainen, joka omisti **jalokiven,** huomasi sen katoavan käsistään ja ilmestyvän uudelleen muualle, houkuttaen mutta karkottaen kaikki sitä etsivät. Kaupunkilaisten joukossa oli nuori nainen nimeltä Evelyn, jonka sydän paloi uteliaisuudesta ja **seikkailusta**. Häntä veti puoleensa katoavaa jalokiveä ympäröivä mysteeri, ja hän lähti etsimään sen salaisuuksia. Päättäväisesti ja hieman pelokkaasti varustautuneena Evelyn lähti liikkeelle ja seurasi kuiskauksia ja muinaisia karttoja, jotka johdattivat hänet piilotettujen käytävien ja **unohdettujen** hautojen läpi.

Polku oli petollinen, täynnä arvoituksia ja ansoja, jotka oli suunniteltu pelottamaan etsijöitä. Mutta Evelyn jatkoi eteenpäin järkkymättömän **päättäväisyytensä** ohjaamana. Kuunvaloisina öinä ja auringonvaloisina päivinä hän kulki muinaisia raunioita ja mystisiä metsiä, ja hänen mielensä keskittyi jalokiviin, jotka olivat jääneet lukemattomilta muilta huomaamatta ennen häntä.

within, drawing her closer. With cautious steps, she ventured into the depths, guided by the subtle radiance that illuminated her path. Inside the cave, Evelyn discovered a vast **chamber** adorned with dazzling crystals that glittered like stars. At the center, atop an ornate pedestal, lay the Vanishing Jewel, its brilliance unmatched by anything she had ever seen. It beckoned to her, whispering **promises** of power and wonder.

As Evelyn reached out to claim the jewel, a voice echoed through the chamber, a voice as ancient as time itself. "Only the worthy shall possess the Vanishing Jewel," it **intoned**. "Seeker, answer this riddle and prove your worth." Evelyn's heart quickened as she prepared herself to **unravel** the enigma presented to her. The voice spoke once more: "I speak without a mouth, hear without ears, and answer without words. What am I?" Time seemed to stand still as Evelyn pondered the riddle. Her mind raced, grasping at threads of **knowledge**. And then, with a burst of clarity, she spoke her answer: "An echo." A moment of silence hung in the air, and then the chamber trembled, releasing a blinding light that enveloped Evelyn. When the light faded, she found herself outside the cave, the Vanishing Jewel clutched **securely** in her hand.

Lopulta, kuukausien väsymättömän **etsinnän jälkeen**, Evelyn seisoi piilotetun luolan suulla. Sisältä levisi pehmeä, eteerinen hehku, joka veti häntä lähemmäs. Varovaisin askelin hän uskaltautui syvyyksiin, ja hienovarainen säteily valaisi hänen polkuaan. Luolan sisältä Evelyn löysi valtavan **kammion,** jota koristivat häikäisevät kristallit, jotka kimaltelivat kuin tähdet. Keskellä, koristeellisen jalustan päällä, sijaitsi katoava jalokivi, jonka loistokkuutta ei Evelyn ollut koskaan nähnyt. Se kutsui häntä kuiskaten **lupauksia** voimasta ja ihmeestä.

Kun Evelyn ojensi kätensä saadakseen jalokiven, ääni kaikui kammiossa, ääni, joka oli yhtä vanha kuin aika itse. "Vain arvokas saa omistaa katoavan jalokiven", se **lausui**. "Etsijä, vastaa tähän arvoitukseen ja todista arvosi." Evelynin sydän kiihtyi, kun hän valmistautui **ratkaisemaan** hänelle esitetyn arvoituksen. Ääni puhui vielä kerran: "Puhun ilman suuta, kuulen ilman korvia ja vastaan ilman sanoja. Mikä minä olen?" Aika tuntui pysähtyvän, kun Evelyn pohti arvoitusta. Hänen mielensä kiihdytti, tarttuen **tiedon** säikeisiin. Sitten hän puhui vastauksensa selvänä: "Kaiku." Ilmassa leijui hetken hiljaisuus, ja sitten kammio tärisi ja vapautti häikäisevän valon, joka ympäröi Evelynin. Kun valo hiipui, hän löysi itsensä luolan ulkopuolelta, katoamisjalokivi **tiukasti** kädessään.

Comprehension Questions

1. What was the legend that puzzled generations in the sleepy town?
2. What was unique about the Vanishing Jewel?
3. Why was Evelyn drawn to the mystery surrounding the Vanishing Jewel?
4. What challenges did Evelyn face on her quest to find the jewel?
5. How did Evelyn navigate through the treacherous path?
6. Where did Evelyn find herself after months of pursuit?
7. Describe the appearance of the chamber where the Vanishing Jewel was located.
8. What did the voice in the chamber demand from Evelyn before she could possess the jewel?
9. What was Evelyn's answer to the riddle posed by the voice?
10. What happened to Evelyn after she spoke her answer?

Ymmärtämisen Kysymykset

1. Mikä oli se legenda, joka askarrutti sukupolvia uneliaassa kaupungissa?
2. Mikä katoavassa jalokivessä oli ainutlaatuista?
3. Miksi Evelyniä veti puoleensa katoavan jalokiven ympärillä oleva mysteeri?
4. Mitä haasteita Evelyn kohtasi etsiessään jalokiveä?
5. Miten Evelyn navigoi petollisen polun läpi?
6. Mistä Evelyn löysi itsensä kuukausien takaa-ajon jälkeen?
7. Kuvaile sen kammion ulkonäköä, jossa katoava jalokivi sijaitsi.
8. Mitä ääni kammiossa vaati Evelyniltä, ennen kuin hän sai jalokiven haltuunsa?
9. Mikä oli Evelynin vastaus äänen esittämään arvoitukseen?
10. Mitä Evelynille tapahtui sen jälkeen, kun hän oli sanonut vastauksensa?

A Glimpse of Stardust

In a small, sleepy town nestled among **towering** trees, lived a young girl named Lily. She spent her days dreaming of the stars that adorned the midnight sky. Their distant twinkle **whispered** secrets of a world beyond her own, and she longed to discover what lay hidden among the vast cosmos. One evening, as Lily wandered along a quiet path, her eyes caught sight of a shimmering light. Mesmerized, she followed its ethereal glow until she reached an abandoned **cottage** hidden amidst a cluster of wildflowers. Curiosity tingled within her, and she pushed open the creaky door. Inside, the cottage was transformed into a celestial wonderland. The walls were adorned with paintings of **galaxies** and constellations, and tiny lights danced like stardust, casting a warm, gentle glow. In the center of the room stood a large telescope, its lens polished to perfection.

Lily approached the telescope and gazed through its **eyepiece**. The view stole her breath away. The moon revealed its craters in intricate detail, and the planets of the solar system seemed to beckon her closer. As she adjusted the telescope, an **extraordinary** sight came into focus—a distant nebula ablaze with vibrant colors. Its beauty was beyond words. Captivated by this glimpse of stardust, Lily resolved to embark on a cosmic journey of her own. With each

A Glimpse of Stardust

Pienessä, uneliaassa kaupungissa, joka sijaitsi **korkeiden** puiden keskellä, asui nuori tyttö nimeltä Lily. Hän vietti päivänsä unelmoiden tähdistä, jotka koristivat keskiyön taivasta. Niiden kaukainen tuikahdus **kuiskasi** salaisuuksia maailmasta, joka oli hänen omansa tuolla puolen, ja hän kaipasi saada selville, mitä valtavassa kosmoksessa piilee. Eräänä iltana, kun Lily vaelsi hiljaisella polulla, hänen silmänsä havaitsivat hohtavan valon. Lumoutuneena hän seurasi sen eteeristä hehkua, kunnes hän saavutti hylätyn **mökin,** joka oli piilossa villikukkien keskellä. Uteliaisuus kihelmöi hänessä, ja hän työnsi narisevan oven auki. Sisällä mökki muuttui taivaalliseksi ihmemaaksi. Seiniä koristivat maalaukset **galakseista** ja tähdistöistä, ja pienet valot tanssivat kuin tähtipöly ja heittivät lämmintä, lempeää hehkua. Huoneen keskellä seisoi suuri kaukoputki, jonka linssi oli kiillotettu täydelliseksi.

Lily lähestyi kaukoputkea ja katsoi sen **okulaarin** läpi. Näkymä vei häneltä hengen. Kuu paljasti kraatterinsa yksityiskohtaisesti, ja aurinkokunnan planeetat tuntuivat kutsuvan häntä lähemmäs. Kun hän sääteli kaukoputkea, **erikoinen** näky tuli esiin - kaukana oleva tähtisumu, joka loisti eloisissa väreissä. Sen kauneus oli sanoinkuvaamaton. Tämän tähtipölyn välähdyksen valloittamana

passing night, she would return to the cottage, gazing through the **telescope** and exploring the wonders of the universe. She studied constellations, their stories etching themselves into her heart. She learned about black holes that swallowed everything in their path, and **supernovas** that birthed new stars.

Her newfound passion sparked a change within Lily. She yearned to share the wonders she witnessed with others. Word of her **celestial** sanctuary spread throughout the town, attracting people from all walks of life. Children and adults alike marveled at the mysteries of the **universe**, their eyes filled with awe and wonder. As the nights turned into weeks, Lily's cottage evolved into a sanctuary of inspiration and discovery. Artists sketched the stars, writers crafted tales of intergalactic adventures, and **scientists** contemplated the endless possibilities of the cosmos. The sleepy town transformed into a hub of creativity and exploration, all because of Lily's glimpse of stardust. Years passed, and Lily's cottage became a renowned observatory, drawing visitors from far and wide. Lily herself had become an esteemed astronomer, known for her **expertise** and passion. She continued to inspire generations, fueling their curiosity and encouraging them to reach for the stars.

Lily päätti lähteä omalle kosmiselle matkalleen. Jokaisena yönä hän palasi mökille, katseli **kaukoputken** läpi ja tutki maailmankaikkeuden ihmeitä. Hän tutki tähtikuvioita, joiden tarinat painuivat hänen sydämeensä. Hän oppi mustista aukoista, jotka nielaisivat kaiken tieltään, ja **supernovista**, jotka synnyttivät uusia tähtiä.

Hänen uusi intohimonsa sai Lilyssä aikaan muutoksen. Hän halusi jakaa näkemänsä ihmeet muiden kanssa. Sana hänen **taivaallisesta** pyhäköstään levisi koko kaupunkiin, ja se houkutteli ihmisiä kaikilta elämänaloilta. Sekä lapset että aikuiset ihmettelivät **maailmankaikkeuden** salaisuuksia, ja heidän silmänsä täyttyivät kunnioituksesta ja ihmetyksestä. Kun yöt muuttuivat viikoiksi, Lilyn mökistä kehittyi inspiraation ja löytöjen pyhättö. Taiteilijat piirtelivät tähtiä, kirjailijat laativat tarinoita galaksien välisistä seikkailuista ja **tiedemiehet** pohtivat kosmoksen loputtomia mahdollisuuksia. Unelias kaupunki muuttui luovuuden ja tutkimuksen keskukseksi, ja kaikki tämä johtui Lilyn tähtipölyn välähdyksestä. Vuodet kuluivat, ja Lilyn mökistä tuli tunnettu observatorio, joka houkutteli vierailijoita kaukaa ja kaukaa. Lilystä itsestään oli tullut arvostettu tähtitieteilijä, joka tunnettiin **asiantuntemuksestaan** ja intohimostaan. Hän inspiroi edelleen sukupolvia, ruokki heidän uteliaisuuttaan ja rohkaisi heitä tavoittelemaan tähtiä.

Comprehension Questions

1. Where did Lily live?
2. What did Lily dream about during the day?
3. What did Lily see while wandering along a quiet path?
4. Where was the abandoned cottage located?
5. What did Lily find inside the cottage?
6. What caught Lily's attention when she approached the telescope?
7. What did Lily see through the telescope that captivated her?
8. What did Lily resolve to do after her glimpse of stardust?
9. How did the town and its people change as a result of Lily's passion?
10. What did Lily's cottage eventually become, and what was her role in it?

Ymmärtämisen Kysymykset

1. Missä Lily asui?
2. Mistä Lily näki unta päivän aikana?
3. Mitä Lily näki vaeltaessaan hiljaista polkua pitkin?
4. Missä hylätty mökki sijaitsi?
5. Mitä Lily löysi mökistä?
6. Mikä kiinnitti Lilyn huomion, kun hän lähestyi kaukoputkea?
7. Mitä Lily näki kaukoputken läpi, mikä kiehtoi häntä?
8. Mitä Lily päätti tehdä tähtipölyn välähdyksen jälkeen?
9. Miten kaupunki ja sen asukkaat muuttuivat Lilyn intohimon seurauksena?
10. Mikä Lilyn mökistä lopulta tuli, ja mikä oli hänen roolinsa siinä?

The Path to El Dorado

Deep in the heart of the dense Amazon rainforest, legends whispered of a mythical city called El Dorado—a place adorned with gold and **untold** riches. Many had set out in search of this fabled city, but none had ever returned. Among the adventurers intrigued by the tales was a young explorer named Diego. With a heart full of **curiosity** and a mind brimming with dreams, he set off on an extraordinary journey to uncover the secrets of El Dorado. For days, Diego trekked through thick foliage, battling mosquitos and enduring the **relentless** heat. His determination never wavered, fueled by the promise of untold treasures. He encountered treacherous rivers, scaling steep cliffs, and traversing treacherous swamps, always following the whispers of the legends. One evening, as the sun dipped below the horizon, Diego stumbled upon a hidden path. Its entrance was guarded by towering trees, their branches intertwining to form an archway leading into the **unknown**. A thrill surged through his veins, and he stepped onto the path, feeling the weight of history beneath his feet.

The path twisted and turned, revealing glimpses of lush **vegetation** and exotic creatures. Diego's senses came alive as the air grew thick with anticipation. He could almost taste the secrets that lay ahead. As the days turned into weeks, Diego pressed onward,

Tie El Doradoon

Syvällä tiheän Amazonin sademetsän sydämessä legendat kuiskivat myyttisestä kaupungista nimeltä El Dorado - paikasta, jota koristi kulta ja **lukemattomat** rikkaudet. Monet olivat lähteneet etsimään tätä tarunomaista kaupunkia, mutta kukaan ei ollut koskaan palannut. Tarinoiden kiehtomien seikkailijoiden joukossa oli nuori tutkimusmatkailija nimeltä Diego. Sydän täynnä **uteliaisuutta** ja mieli täynnä unelmia, hän lähti erikoiselle matkalle paljastaakseen El Doradon salaisuudet. Diego vaelsi päiväkausia läpi tiheän lehdistön, taisteli hyttysiä vastaan ja kesti **armotonta** kuumuutta. Hänen päättäväisyytensä ei koskaan horjunut, sillä lupaus lukemattomista aarteista ruokki häntä. Hän kohtasi petollisia jokia, kiipesi jyrkkiä jyrkänteitä ja kulki petollisten soiden halki aina legendojen kuiskauksia seuraten. Eräänä iltana auringon painuessa horisontin alapuolelle Diego törmäsi piilotettuun polkuun. Sen sisäänkäyntiä vartioivat korkeat puut, joiden oksat kietoutuivat toisiinsa muodostaen **tuntemattomaan** johtavan kaaren. Jännitys vyöryi hänen suonissaan, ja hän astui polulle tuntien historian painon jalkojensa alla.

Polku mutkitteli ja kääntyi, paljastaen vilauksia rehevästä **kasvillisuudesta** ja eksoottisista otuksista. Diegon aistit heräsivät eloon, kun ilma tihentyi odotuksesta. Hän pystyi melkein

his heart filled with a mix of **excitement** and trepidation. He encountered ancient ruins, remnants of civilizations long forgotten, as if they were the sentinels guarding the path to El Dorado. Finally, after a grueling journey, Diego emerged from the dense **jungle** and stood before a breathtaking sight. It was a city unlike any he had ever seen. Golden temples gleamed in the sunlight, and streets paved with shimmering stones stretched before him. The very air seemed to sparkle with magic and **possibility**.

Diego stepped into the city, his eyes wide with wonder. But as he explored the streets, he noticed something unexpected. The city was deserted—empty of life and devoid of the riches he had **envisioned**. Confusion washed over him, but he refused to let disappointment consume him. In the silence of the abandoned city, Diego discovered something far more precious than gold. He unearthed ancient **scrolls** and artifacts, telling stories of a prosperous civilization that valued wisdom, art, and harmony with nature above material wealth. With newfound understanding, Diego realized that the true El Dorado was not a city made of **gold**, but a metaphor for a life well-lived—a life filled with curiosity, exploration, and a thirst for knowledge. In that moment, he knew that he had discovered something **priceless**.

maistamaan edessä olevat salaisuudet. Päivien muuttuessa viikoiksi Diego eteni eteenpäin, ja hänen sydämensä oli täynnä **jännitystä** ja pelkoa. Hän kohtasi muinaisia raunioita, kauan sitten unohdettujen sivilisaatioiden jäänteitä, aivan kuin ne olisivat vartijoita, jotka vartioivat tietä El Doradoon. Lopulta, uuvuttavan matkan jälkeen, Diego nousi tiheästä **viidakosta** ja seisoi henkeäsalpaavan näyn edessä. Se oli kaupunki, jollaista hän ei ollut koskaan nähnyt. Kultaiset temppelit loistivat auringonvalossa, ja hohtavilla kivillä päällystetyt kadut levittäytyivät hänen eteensä. Ilma näytti säihkyvän taikaa ja **mahdollisuuksia**.

Diego astui kaupunkiin, silmät suurina ihmetyksestä. Mutta kun hän tutki katuja, hän huomasi jotain odottamatonta. Kaupunki oli autio - tyhjä elämästä ja vailla rikkauksia, joita hän oli **kuvitellut**. Hämmennys valtasi hänet, mutta hän kieltäytyi antamasta pettymyksen nujertaa itseään. Hylätyn kaupungin hiljaisuudessa Diego löysi jotain kultaa paljon arvokkaampaa. Hän kaivoi esiin muinaisia **kääröjä** ja esineitä, jotka kertoivat tarinoita kukoistavasta sivilisaatiosta, joka arvosti viisautta, taidetta ja harmoniaa luonnon kanssa aineellista rikkautta korkeammalle. Uuden ymmärryksen myötä Diego ymmärsi, että todellinen El Dorado ei ollut **kullasta** tehty kaupunki, vaan vertauskuva hyvin eletylle elämälle - elämälle, joka oli täynnä uteliaisuutta, tutkimusmatkailua ja tiedonjanoa. Sillä hetkellä hän tiesi löytäneensä jotain **korvaamatonta**.

Comprehension Questions

1. What was El Dorado known for according to legends?
2. Who was the young explorer intrigued by the tales of El Dorado?
3. What motivated Diego to embark on his journey?
4. What challenges did Diego face during his trek through the rainforest?
5. How did Diego feel when he discovered the hidden path?
6. What did Diego encounter along the path to El Dorado?
7. What did Diego find when he finally reached the city?
8. How did Diego feel when he realized the city was deserted?
9. What did Diego discover in the abandoned city?
10. What did Diego come to understand about the true meaning of El Dorado?

Ymmärtämisen Kysymykset

1. Mistä El Dorado tunnettiin legendojen mukaan?
2. Kuka oli nuori tutkimusmatkailija, jota tarinat El Doradosta kiehtoivat?
3. Mikä sai Diegon lähtemään matkalleen?
4. Mitä haasteita Diego kohtasi vaelluksellaan sademetsän halki?
5. Miltä Diegosta tuntui, kun hän löysi piilotetun polun?
6. Mitä Diego kohtasi matkalla El Doradoon?
7. Mitä Diego löysi, kun hän lopulta pääsi kaupunkiin?
8. Miltä Diegosta tuntui, kun hän huomasi, että kaupunki oli autio?
9. Mitä Diego löysi hylätystä kaupungista?
10. Mitä Diego ymmärsi El Doradon todellisesta merkityksestä?

Quest for the Lost Crown

In the ancient kingdom of Veridia, a tale of a lost crown had been passed down through generations. Legends spoke of a **magnificent** jewel-encrusted crown that bestowed great power upon its wearer. Many had searched for it, but none had succeeded. It was said that only the one with a pure heart and unwavering **determination** could uncover its hidden whereabouts. Among those captivated by the legend was a young and spirited princess named Amara. Her heart burned with an unyielding desire to bring prosperity and **peace** to her kingdom. Determined to find the lost crown, she embarked on a perilous quest. Guided by a weathered map and ancient writings, Amara journeyed through dense forests, treacherous mountains, and **unforgiving** deserts. She encountered dangerous creatures and faced countless trials, yet her spirit remained unbroken.

As she ventured deeper into the unknown, Amara's bravery and compassion attracted loyal companions who shared her **vision**. Together, they formed a formidable alliance, each contributing their unique skills to the quest. Months turned into years, and hope flickered like a distant flame. Doubt crept into Amara's mind, but she refused to **surrender**. With unwavering determination, she pressed on, her eyes fixed on the ultimate goal. Finally, on the edge of despair, Amara and her companions discovered a hidden

Kadonneen Kruunun Etsintä

Veridian muinaisessa kuningaskunnassa oli sukupolvelta toiselle kerrottu tarina kadonneesta kruunusta. Legendat kertoivat **upeasta,** jalokivillä koristellusta kruunusta, joka antoi kantajalleen suurta voimaa. Monet olivat etsineet sitä, mutta kukaan ei ollut onnistunut. Sanottiin, että vain se, jolla oli puhdas sydän ja vankkumaton **päättäväisyys**, voisi paljastaa sen kätketyn olinpaikan. Niiden joukossa, joita legenda kiehtoi, oli nuori ja rohkea prinsessa nimeltä Amara. Hänen sydämensä paloi vankkumattomasta halusta tuoda vaurautta ja **rauhaa** valtakuntaansa. Päättäväisenä löytämään kadonneen kruunun hän lähti vaaralliselle etsinnälle. Vanhentuneen kartan ja muinaisten kirjoitusten ohjaamana Amara kulki läpi tiheiden metsien, petollisten vuorten ja **armottomien** aavikoiden. Hän kohtasi vaarallisia olentoja ja joutui lukemattomiin koettelemuksiin, mutta hänen henkensä pysyi särkymättömänä.

Kun Amara uskaltautui syvemmälle tuntemattomaan, hänen rohkeutensa ja myötätuntonsa houkutteli uskollisia kumppaneita, jotka jakoivat hänen **näkemyksensä**. Yhdessä he muodostivat mahtavan liiton, ja kukin heistä antoi ainutlaatuiset taitonsa tehtävään. Kuukaudet muuttuivat vuosiksi, ja toivo leimahti kuin kaukainen liekki. Amaran mieleen hiipi epäilys, mutta hän kieltäytyi **antautumasta**. Vakaumattoman päättäväisesti hän jatkoi eteenpäin,

cave. Ancient runes adorned its walls, whispering promises of the lost **crown** within. Guided by intuition, they entered the depths of the cave. Inside, they faced a series of riddles and puzzles, each one testing their wit and resolve. Amara's intelligence and quick thinking proved invaluable as they conquered each **challenge**, one by one.

At the heart of the cave, a **pedestal** stood, awaiting the rightful owner of the crown. Amara approached it with trepidation, her heart pounding in her chest. With trembling hands, she reached out and placed the crown upon her head. In that **moment**, a brilliant light enveloped the cave, illuminating the ancient walls. Amara felt a surge of power flow through her, but it was not the power she had expected. It was not the power to conquer or dominate but the power to **unite** and inspire. Word of Amara's triumph spread like wildfire throughout the kingdom. The lost crown had indeed been found, but its true power lay in the transformation it brought about in those who witnessed it. Inspired by Amara's unwavering spirit and compassionate leadership, the people of Veridia rallied **together**, working towards a brighter future.

silmät kiinnittyneinä lopulliseen päämäärään. Lopulta, epätoivon partaalla, Amara ja hänen seuralaisensa löysivät piilotetun luolan. Sen seiniä koristivat muinaiset riimut, jotka kuiskivat lupauksia kadonneesta **kruunusta**. Intuition ohjaamina he astuivat luolan syvyyksiin. Sisällä he kohtasivat sarjan arvoituksia ja pulmia, joista jokainen koetteli heidän älyään ja päättäväisyyttään. Amaran älykkyys ja nopea ajattelu osoittautuivat korvaamattomiksi, kun he voittivat jokaisen **haasteen** yksi kerrallaan.

Luolan sydämessä seisoi **jalusta, joka** odotti kruunun laillista omistajaa. Amara lähestyi sitä pelokkaasti, ja hänen sydämensä hakkasi rinnassaan. Vapisevin käsin hän ojensi kruunun ja asetti sen päähänsä. Tuona **hetkenä** loistava valo peitti luolan ja valaisi muinaiset seinät. Amara tunsi voiman virtaavan hänen lävitseen, mutta se ei ollut sitä voimaa, jota hän oli odottanut. Se ei ollut valta valloittaa tai hallita vaan voima **yhdistää** ja innostaa. Sana Amaran voitosta levisi kulovalkean tavoin koko valtakunnassa. Kadonnut kruunu oli tosiaan löydetty, mutta sen todellinen voima oli siinä muutoksessa, jonka se sai aikaan niissä, jotka näkivät sen. Amaran vankkumattoman hengen ja myötätuntoisen johtajuuden innoittamana Veridian kansa kokoontui **yhteen** ja työskenteli kohti valoisampaa tulevaisuutta.

Comprehension Questions

1. What was the legend surrounding the lost crown in the kingdom of Veridia?
2. What qualities did the legend suggest were necessary to find the lost crown?
3. Who was the young princess determined to find the lost crown?
4. How did Amara gather companions during her quest?
5. What challenges did Amara and her companions face during their journey?
6. What did they discover when they reached the hidden cave?
7. How did Amara demonstrate her intelligence and quick thinking inside the cave?
8. What happened when Amara placed the crown upon her head?
9. What was the true power of the lost crown, as revealed in the story?
10. How did Amara's quest and the discovery of the crown impact the kingdom of Veridia?

Ymmärtämisen Kysymykset

1. Mikä oli Veridian kuningaskunnan kadonneeseen kruunuun liittyvä legenda?
2. Millaisia ominaisuuksia tarun mukaan tarvittiin kadonneen kruunun löytämiseksi?
3. Kuka oli nuori prinsessa, joka oli päättänyt löytää kadonneen kruunun?
4. Miten Amara keräsi seuralaisia etsintänsä aikana?
5. Mitä haasteita Amara ja hänen seuralaisensa kohtasivat matkansa aikana?
6. Mitä he löysivät, kun he pääsivät piilotettuun luolaan?
7. Miten Amara osoitti älykkyytensä ja nopean ajattelunsa luolassa?
8. Mitä tapahtui, kun Amara asetti kruunun päähänsä?
9. Mikä oli kadonneen kruunun todellinen voima, kuten tarinasta käy ilmi?
10. Miten Amaran etsintä ja kruunun löytyminen vaikuttivat Veridian kuningaskuntaan?

Cave of Wonders

Deep in the heart of a vast desert, where the scorching sun painted the landscape with hues of gold, there stood a **legendary** cave known as the Cave of Wonders. It was said that within its depths lay treasures beyond imagination, waiting to be discovered by the worthy. Many had ventured to seek its secrets, but none had returned. Among those drawn to the **mystique** of the cave was a young adventurer named Alex. With a heart filled with curiosity and a thirst for adventure, Alex set out on a perilous journey to unlock the mysteries of the Cave of Wonders. Days turned into weeks as Alex crossed blistering sands and braved the blistering heat. The desert winds whispered ancient tales, urging caution and **courage**. Undeterred, Alex pressed on, **guided** by a map passed down through generations.

At last, after countless trials, Alex stood before the imposing entrance of the Cave of Wonders. Its mouth yawned wide, hinting at the **treasures** that lay within. Heart pounding, Alex stepped into the darkness, a single torch casting flickering light upon the cavern **walls**. The air was heavy with anticipation as Alex ventured deeper, the sound of echoing footsteps creating an eerie symphony. Stalactites and stalagmites formed intricate patterns, as if guarding the **secrets** of the cave. Suddenly, a booming voice echoed

Ihmeiden Luola

Syvällä laajan aavikon sydämessä, jossa paahtava aurinko maalasi maiseman kullanvärisiksi, sijaitsi **legendaarinen** luola, joka tunnetaan nimellä Ihmeiden luola. Sanottiin, että sen syvyyksissä oli mielikuvituksen ylittäviä aarteita, jotka odottivat kelvollisten löydettäväksi. Monet olivat uskaltautuneet etsimään sen salaisuuksia, mutta kukaan ei ollut palannut. Niiden joukossa, joita luolan **salaperäisyys** veti puoleensa, oli nuori seikkailija nimeltä Alex. Sydän täynnä uteliaisuutta ja seikkailunjanoa Alex lähti vaaralliselle matkalle selvittääkseen Ihmeiden luolan salaisuudet. Päivät muuttuivat viikoiksi, kun Alex kulki halkeilevan hiekan halki ja uhmasi paahtavaa kuumuutta. Aavikon tuulet kuiskivat muinaisia tarinoita ja kehottivat varovaisuuteen ja **rohkeuteen**. Lannistumatta Alex jatkoi matkaa sukupolvelta toiselle siirtyneen kartan ohja**amana.**

Lopulta, lukemattomien koettelemusten jälkeen, Alex seisoi Ihmeiden luolan mahtavan sisäänkäynnin edessä. Sen suu haukotteli leveästi ja vihjasi sisällä olevista **aarteista.** Sydäntä jyskyttäen Alex astui pimeyteen, ja yksi soihtu heitti välkkyvää valoa luolan **seinille**. Ilma oli raskas odotuksesta, kun Alex uskaltautui syvemmälle, ja askelten kaikuva ääni loi aavemaista sinfoniaa. Tippukivet ja tippukivet muodostivat monimutkaisia kuvioita, ikään

through the chamber, "Who dares to enter the Cave of Wonders?" Undeterred, Alex replied, "I seek the treasures that lie hidden within, to unlock the **wisdom** and power they possess."

Impressed by the **audacity**, the voice granted passage. Alex encountered trials of strength, agility, and wit, each more challenging than the last. But with determination and a keen mind, Alex overcame them all. Finally, in the heart of the cave, a shimmering pedestal stood, adorned with jewels that radiated with an otherworldly glow. Resting upon it was a **magnificent**, jewel-encrusted book. As Alex reached out to touch it, the pages came alive, revealing the knowledge and wisdom of centuries. With the book in hand, Alex emerged from the Cave of Wonders, eyes gleaming with newfound **understanding**. Word of the adventurer's triumph spread far and wide, and people flocked to learn from the wisdom contained within the book. As the years passed, Alex became a revered teacher, guiding others on their own quests for knowledge and enlightenment. The Cave of Wonders, once **shrouded** in mystery, became a sanctuary of learning and growth.

kuin varjelisivat luolan **salaisuuksia.** Yhtäkkiä kovaääninen ääni kaikui kammiossa: "Kuka uskaltaa astua Ihmeiden luolaan?"
"Kuka uskaltaa astua Ihmeiden luolaan?", kysyi hän. Alex vastasi lannistumatta: "Etsin sen sisällä pileviä aarteita, jotta saisin selville niiden sisältämän **viisauden** ja voiman."

Rohkeudesta vaikuttuneena ääni myönsi kulkuluvan. Alex kohtasi voiman, ketteryyden ja nokkeluuden koettelemuksia, joista jokainen oli edellistä haastavampi. Mutta päättäväisyydellä ja terävällä mielellä Alex voitti ne kaikki. Lopulta luolan sydämessä seisoi hohtava jalusta, joka oli koristeltu jalokivillä, jotka säteilivät tuonpuoleista hehkua. Sen päällä lepäsi **upea**, jalokivillä koristeltu kirja. Kun Alex kurottautui koskettamaan sitä, sivut heräsivät eloon ja paljastivat vuosisatojen tiedon ja viisauden. Kirja kädessään Alex astui ulos Ihmeiden luolasta, silmät hohtaen uudesta **ymmärryksestä**. Sana seikkailijan voitosta levisi kauas, ja ihmiset kerääntyivät oppimaan kirjan sisältämästä viisaudesta. Vuosien saatossa Alexista tuli kunnioitettu opettaja, joka opasti muita heidän omilla tiedon ja valaistumisen etsinnöillään. Ihmeiden luolasta, joka oli kerran salaperäisyyden **peitossa**, tuli oppimisen ja kasvun pyhättö.

Comprehension Questions

1. What was the name of the legendary cave in the desert?
2. What did the legends say about the treasures within the Cave of Wonders?
3. Who was the young adventurer determined to unlock the mysteries of the cave?
4. What guided Alex on the perilous journey to the Cave of Wonders?
5. How did Alex feel when standing at the entrance of the cave?
6. What guarded the secrets of the cave as Alex ventured deeper?
7. What did the booming voice ask when Alex entered the cave?
8. How did Alex respond to the booming voice?
9. What challenges did Alex face inside the cave?
10. What did Alex discover on the shimmering pedestal in the heart of the cave?

Ymmärtämisen Kysymykset

1. Mikä oli aavikolla sijaitsevan legendaarisen luolan nimi?
2. Mitä legendat kertoivat Ihmeiden luolan aarteista?
3. Kuka oli se nuori seikkailija, joka oli päättänyt selvittää luolan salaisuudet?
4. Mikä ohjasi Alexia vaarallisella matkalla Ihmeiden luolaan?
5. Miltä Alexista tuntui, kun hän seisoi luolan suulla?
6. Mikä vartioi luolan salaisuuksia, kun Alex uskaltautui syvemmälle?
7. Mitä jyrisevä ääni kysyi, kun Alex astui luolaan?
8. Miten Alex reagoi kovaääniseen ääneen?
9. Mitä haasteita Alex kohtasi luolassa?
10. Mitä Alex löysi luolan sydämessä olevalta hohtavalta jalustalta?

The Whispering Windmill

In a picturesque countryside, nestled among rolling hills and **blooming** fields, stood an enchanting windmill known as The Whispering Windmill. It was said that this magnificent structure possessed a magical secret—whenever the wind blew through its **majestic** sails, it whispered messages of hope and guidance to those who listened closely. Among the villagers living nearby was a young girl named Emily. She had always been fascinated by The Whispering Windmill, mesmerized by its graceful rotations and the gentle **melody** it carried on the breeze. Emily spent hours daydreaming beneath its shadow, imagining the stories it could tell. One day, as Emily sat by the windmill, her heart heavy with worries, she heard a faint whisper caressing her ear. Startled yet intrigued, she strained her ears to catch the words. "Follow the path of your dreams, dear child," the wind **whispered**. "Unlock the magic that lies within."

Driven by curiosity and the whisper's message, Emily embarked on a journey of self-discovery. She sought the **wisdom** of the village elders, learned from the books in the town's library, and observed the wonders of nature. With each step, the windmill's whispers grew clearer, guiding her towards her true purpose. Months turned into years, and Emily's journey took her far and

Kuiskaava Tuulimylly

Viehättävällä maaseudulla, kumpuilevien kukkuloiden ja **kukkivien** peltojen keskellä sijaitsi lumoava tuulimylly, joka tunnetaan nimellä Kuiskaava tuulimylly. Sanottiin, että tällä upealla rakennelmalla oli maaginen salaisuus - aina kun tuuli puhalsi sen **majesteettisten** purjeiden läpi, se kuiskasi toivon ja opastuksen viestejä niille, jotka kuuntelivat tarkasti. Lähistöllä asuvien kyläläisten joukossa oli nuori tyttö nimeltä Emily. Häntä oli aina kiehtonut Kuiskaava tuulimylly, ja sen siro pyöriminen ja lempeä **melodia, jota** se kuljetti tuulen mukana, oli lumonnut hänet. Emily vietti tuntikausia haaveillen sen varjon alla ja kuvitellen tarinoita, joita se voisi kertoa. Eräänä päivänä, kun Emily istui tuulimyllyn äärellä, sydän raskaana huolista, hän kuuli heikon kuiskauksen hivelevän hänen korvaansa. Hämmästyneenä mutta kiinnostuneena hän jännitti korviaan kuullakseen sanat. "Seuraa unelmiesi polkua, rakas lapsi", tuuli **kuiskasi**. "Avaa sisälläsi piilevä taika."

Uteliaisuuden ja kuiskauksen viestin innoittamana Emily lähti itsensä löytämisen matkalle. Hän etsi kylän vanhimpien **viisautta**, oppi kaupungin kirjaston kirjoista ja tarkkaili luonnon ihmeitä. Joka askeleella tuulimyllyn kuiskaus kirkastui ja ohjasi Emilyä kohti todellista tarkoitustaan. Kuukaudet muuttuivat vuosiksi, ja Emilyn matka vei hänet kauas ja kauas. Hän maalasi eläviä

wide. She painted vivid landscapes, composed **melodic** symphonies, and wrote tales that touched the hearts of those who read them. Each endeavor brought her closer to the **essence** of her being, the essence whispered by The Whispering Windmill. As Emily's talents flourished, so did her influence on the world around her. People flocked to witness her **artistic** creations and sought her counsel for their own pursuits. Her words, like the windmill's whispers, carried hope and inspiration.

One day, as Emily returned to the windmill that had ignited her journey, she noticed a transformation. The windmill's sails shimmered with a **radiant** glow, reflecting the brilliance of her accomplishments. Overwhelmed with gratitude, Emily embraced the windmill, whispering her thanks for the guidance it had bestowed upon her. From that day **forward**, The Whispering Windmill became a symbol of inspiration and aspiration in the village. People would gather beneath its towering **presence**, listening to the whispers of the wind, seeking solace and direction. The windmill had become not just a structure but a guardian of dreams and a beacon of hope. And as Emily grew older, she became the **caretaker** of The Whispering Windmill, passing on its wisdom to future generations. The windmill's whispers continued to guide and inspire.

maisemia, sävelsi **melodisia** sinfonioita ja kirjoitti tarinoita, jotka koskettivat niiden lukijoiden sydämiä. Jokainen yritys toi Emilyä lähemmäs hänen olemuksensa **ydintä**, sitä ydintä, jonka Kuiskaava tuulimylly kuiskasi. Kun Emilyn kyvyt kukoistivat, kasvoi myös hänen vaikutuksensa ympäröivään maailmaan. Ihmiset kerääntyivät seuraamaan hänen **taiteellisia** luomuksiaan ja hakivat häneltä neuvoja omiin pyrkimyksiinsä. Hänen sanansa, kuten tuulimyllyn kuiskaukset, toivat toivoa ja inspiraatiota.

Eräänä päivänä, kun Emily palasi tuulimyllylle, joka oli sytyttänyt hänen matkansa, hän huomasi muutoksen. Tuulimyllyn purjeet loistivat **säteilevässä** hehkussa, joka heijasti hänen saavutustensa loistoa. Kiitollisuuden vallassa Emily syleili tuulimyllyä ja kuiskasi kiitoksensa ohjauksesta, jonka se oli antanut hänelle. Tuosta päivästä **lähtien** kuiskaavasta tuulimyllystä tuli kylän inspiraation ja pyrkimysten symboli. Ihmiset kerääntyivät sen alle kuuntelemaan tuulen kuiskausta ja etsimään lohtua ja suuntaa. Tuulimyllystä ei ollut tullut pelkkä rakennelma vaan unelmien vartija ja toivon majakka. Emilystä tuli vanhemmaksi tultuaan Kuiskaavan tuulimyllyn **hoitaja**, joka siirsi sen viisautta tuleville sukupolville. Tuulimyllyn kuiskaukset opastivat ja innoittivat edelleen.

Comprehension Questions

1. What was the magical secret of The Whispering Windmill?
2. How did Emily feel about The Whispering Windmill?
3. What did Emily hear when she sat by the windmill?
4. What did the wind whisper to Emily?
5. What did Emily do in response to the wind's message?
6. How did Emily's journey of self-discovery unfold?
7. How did Emily's talents influence the world around her?
8. What transformation did Emily notice in The Whispering Windmill?
9. How did people perceive The Whispering Windmill in the village?
10. What role did Emily take on as she grew older?

Ymmärtämisen Kysymykset

1. Mikä oli Kuiskaavan tuulimyllyn maaginen salaisuus?
2. Mitä mieltä Emily oli elokuvasta The Whispering Windmill?
3. Mitä Emily kuuli istuessaan tuulimyllyn luona?
4. Mitä tuuli kuiskasi Emilylle?
5. Mitä Emily teki vastauksena tuulen viestiin?
6. Miten Emilyn itsensä löytämisen matka eteni?
7. Miten Emilyn kyvyt vaikuttivat häntä ympäröivään maailmaan?
8. Minkä muutoksen Emily huomasi The Whispering Windmillissä?
9. Miten ihmiset kokivat Whispering Windmillin kylässä?
10. Minkä roolin Emily otti vanhetessaan?

Lost in the Wilderness

In the heart of a dense forest, far from civilization, a young adventurer named Emma found herself lost. She had ventured into the wilderness with the hope of **uncovering** its hidden wonders, but now she was disoriented and unable to find her way back. The towering trees loomed above her, their branches reaching out like gnarled fingers, **obscuring** the sunlight. With each passing hour, Emma's confidence waned, replaced by a creeping fear. She had no food, no water, and no shelter. Panic threatened to consume her, but she knew that giving in to despair would only worsen her **situation**. Determined to survive, she summoned her courage and set out in search of a path. Through dense undergrowth and treacherous terrain, Emma forged ahead, relying on her instincts and limited survival skills. She collected rainwater in makeshift containers and foraged for edible plants, relying on her **knowledge** of nature to sustain herself. But the days turned into nights, and the nights blurred into an endless cycle of uncertainty.

As exhaustion took its toll, Emma stumbled upon a small clearing. In the center stood an ancient tree, its branches stretching toward the heavens. She approached it, hoping for a sign or some **guidance**. And then, in a whisper carried by the wind, she heard a voice. "Trust the wilderness, for it will lead you home," the voice

Eksyksissä Erämaassa

Tiheän metsän keskellä, kaukana sivilisaatiosta, nuori seikkailija nimeltä Emma löysi itsensä eksyneenä. Hän oli uskaltautunut erämaahan siinä toivossa, että voisi **löytää** sen kätkemät ihmeet, mutta nyt hän oli sekaisin eikä löytänyt tietä takaisin. Korkeat puut kohosivat hänen yläpuolellaan, ja niiden oksat ojentuivat kuin kouraiset sormet **peittäen** auringonvalon. Tunti tunnilta Emman itseluottamus väheni, ja tilalle tuli hiipivä pelko. Hänellä ei ollut ruokaa, vettä eikä suojaa. Paniikki uhkasi nielaista hänet, mutta hän tiesi, että epätoivoon antautuminen vain pahentaisi hänen **tilannettaan**. Päättäväisenä selviytymään hän keräsi rohkeutensa ja lähti etsimään polkua. Tiheän aluskasvillisuuden ja petollisen maaston läpi Emma eteni eteenpäin luottaen vaistoihinsa ja rajallisiin selviytymistaitoihinsa. Hän keräsi sadevettä tilapäisastioihin ja etsi syötäviä kasveja luottaen luonnon **tuntemukseensa** elääkseen. Mutta päivät muuttuivat öiksi, ja yöt hämärtyivät loputtomaksi epävarmuuden kierteeksi.

Uupumuksen viedessä veronsa Emma törmäsi pienelle aukealle. Keskellä seisoi ikivanha puu, jonka oksat ulottuivat kohti taivasta. Hän lähestyi sitä toivoen merkkiä tai **opastusta**. Sitten hän kuuli tuulen kuljettaman kuiskauksen, ja hän kuuli äänen. "Luota erämaahan, sillä se johdattaa sinut kotiin", ääni

murmured. Buoyed by newfound hope, Emma pressed on, following the voice's guidance. She navigated through **rocky** terrain, crossed rushing streams, and braved treacherous cliffs. The wilderness became her ally, revealing hidden trails and natural landmarks that pointed her in the right direction. Days turned into weeks, and Emma's determination remained **unyielding**. She encountered wild animals, faced sudden storms, and battled her own fears, but she refused to succumb to the **challenges**. She had become one with the wilderness, her senses attuned to its secrets.

Finally, on the brink of **exhaustion**, Emma emerged from the depths of the forest. A familiar sight greeted her weary eyes—a clearing bathed in **golden** sunlight. Tears of relief streamed down her face as she recognized the path she had lost. Emma emerged from the wilderness forever changed. She carried the strength and **resilience** she had gained in her heart, forever grateful to the wilderness for its lessons. And as she returned to civilization, she vowed to protect and preserve the untamed beauty of nature, sharing her tale of survival to inspire others to embrace the wild and find their way, even in the **darkest** of times.

mutisi. Uuden toivon rohkaisemana Emma jatkoi matkaa ja seurasi äänen opastusta. Hän suunnisti läpi **kivisen** maaston, ylitti virtaavat purot ja uhmasi petollisia kallioita. Erämaasta tuli hänen liittolaisensa, joka paljasti hänelle piilotettuja polkuja ja luonnollisia maamerkkejä, jotka osoittivat hänelle oikean suunnan. Päivät muuttuivat viikoiksi, ja Emman päättäväisyys pysyi **järkkymättömänä**. Hän kohtasi villieläimiä, kohtasi äkillisiä myrskyjä ja taisteli omia pelkojaan vastaan, mutta hän kieltäytyi alistumasta **haasteisiin**. Hänestä oli tullut yhtä erämaan kanssa, hänen aistinsa olivat virittyneet sen salaisuuksiin.

Lopulta, **uupumuksen** partaalla, Emma tuli esiin metsän syvyyksistä. Tuttu näky tervehti hänen väsyneitä silmiään - **kultaisessa** auringonvalossa kylpevä aukea. Helpotuksen kyyneleet valuivat hänen kasvoillaan, kun hän tunnisti eksyneen polun. Emma nousi erämaasta ikuisesti muuttuneena. Hän kantoi saamaansa voimaa ja **kestävyyttä** sydämessään ja oli ikuisesti kiitollinen erämaalle sen antamista opetuksista. Palatessaan sivistyksen pariin hän vannoi suojelevansa ja säilyttävänsä luonnon kesyttämätöntä kauneutta ja jakavansa selviytymistarinansa innoittaakseen muita omaksumaan luonnon ja löytämään tiensä myös **pimeimpinä aikoina**.

Comprehension Questions

1. Where did Emma venture into with the hope of uncovering hidden wonders?
2. What was Emma's initial reaction when she realized she was lost in the dense forest?
3. What were some of the challenges Emma faced while trying to survive in the wilderness?
4. How did Emma sustain herself in terms of food and water?
5. What did Emma encounter in the small clearing she stumbled upon?
6. What did the voice whisper to Emma?
7. How did Emma respond to the voice's guidance?
8. What role did the wilderness play in Emma's journey?
9. How did Emma's determination and resilience help her overcome the challenges she faced?
10. How did Emma feel when she finally emerged from the depths of the forest?

Ymmärtämisen Kysymykset

1. Mihin Emma uskaltautui kätkettyjen ihmeiden löytämisen toivossa?
2. Mikä oli Emman ensireaktio, kun hän tajusi olevansa eksyksissä tiheässä metsässä?
3. Millaisia haasteita Emma kohtasi yrittäessään selviytyä erämaassa?
4. Miten Emma elätti itsensä ruoan ja veden suhteen?
5. Mitä Emma kohtasi pienellä aukiolla, johon hän kompastui?
6. Mitä ääni kuiskasi Emmalle?
7. Miten Emma reagoi äänen ohjaukseen?
8. Mikä rooli erämaalla oli Emman matkassa?
9. Miten Emman päättäväisyys ja sitkeys auttoivat häntä selviytymään kohtaamistaan haasteista?
10. Miltä Emma tuntui, kun hän lopulta nousi esiin metsän syvyyksistä?

The Puzzle Box

In a dusty old attic, amidst forgotten treasures and forgotten **memories**, a young girl named Lily stumbled upon a small, intricately carved wooden box. It had an air of mystery and **secrets**, as if it held a hidden world within its wooden walls. Curiosity sparked in Lily's eyes as she picked up the box, feeling its smooth texture and tracing the delicate engravings with her fingertips. There was no key or latch to open it; instead, she discovered a series of tiny, **interlocking** puzzle pieces that formed the lid. Determined to unlock the box's secrets, Lily spent days and nights piecing the puzzle together. She turned each piece, her mind racing to decipher the pattern hidden within. Days turned into weeks, and still, the puzzle box remained unsolved. Lily's **frustration** grew, but so did her determination. She couldn't bear the thought of the box forever guarding its mysteries.

One stormy evening, as rain pelted against the windowpanes, Lily had a breakthrough. A click echoed through the room as the final piece of the puzzle fell into place. The lid of the box gently slid open, revealing a tiny **compartment** within. Inside, nestled on a bed of velvet, lay a shimmering golden key. Puzzled yet **intrigued**, Lily picked up the key, feeling its weight in her hand. She sensed that it held the key to something greater, something beyond the physical

Palapelilaatikko

Vanhalla pölyisellä ullakolla, unohdettujen aarteiden ja unohdettujen **muistojen** keskellä, nuori tyttö nimeltä Lily törmäsi pieneen, taidokkaasti veistettyyn puulaatikkoon. Siinä oli salaperäisyyttä ja **salaisuuksia**, aivan kuin sen puisten seinien sisällä olisi kätketty maailma. Uteliaisuus syttyi Lilyn silmissä, kun hän otti laatikon käteensä, tunnusteli sen sileää rakennetta ja jäljitti sormenpäillään herkkiä kaiverruksia. Avainta tai salpaa sen avaamiseen ei ollut; sen sijaan hän löysi kannen muodostavan sarjan pieniä, **toisiinsa lukittuvia** palapelinpaloja. Lily oli päättänyt avata laatikon salaisuudet ja vietti päiviä ja öitä palapelin kokoamiseen. Hän käänsi jokaista palaa, ja hänen mielensä yritti kovasti tulkita siihen kätkeytyvää kuviota. Päivät muuttuivat viikoiksi, ja silti palapelilaatikko jäi ratkaisematta. Lilyn **turhautuminen** kasvoi, mutta niin kasvoi myös hänen päättäväisyytensä. Hän ei kestänyt ajatusta siitä, että laatikko vartioi ikuisesti salaisuuksiaan.

Eräänä myrskyisenä iltana, kun sade ropisi ikkunoita vasten, Lily teki läpimurron. Naksahdus kaikui huoneessa, kun palapelin viimeinen pala loksahti paikalleen. Laatikon kansi liukui varovasti auki ja paljasti pienen **lokeron**. Sisällä, samettivuoteella, oli kultaisena hohtava avain. Hämmentyneenä mutta **kiehtovana** Lily

realm. With trembling hands, she set out on a quest to uncover its **purpose**. The key led Lily to forgotten places, hidden within the depths of the attic and the recesses of her imagination. It opened doors to worlds filled with fantastical creatures and breathtaking **landscapes**. Each door revealed a new adventure, where Lily's courage and creativity were put to the test.

As Lily journeyed deeper into the realms unlocked by the puzzle box, she discovered something **extraordinary**—it wasn't just the key that held the power, but the act of unlocking itself. Each puzzle she encountered, whether it was a riddle to solve or a challenge to overcome, revealed new layers of **herself** she hadn't known existed. Months turned into years, and Lily grew into a young woman. She became a master puzzle solver, unlocking the secrets of her own heart and mind. The puzzle box had been her guide, teaching her that life was an **intricate** puzzle waiting to be solved. With this newfound wisdom, she shared her knowledge with others, helping them unravel the **complexities** of their own lives.

otti avaimen käteensä ja tunsi sen painon kädessään. Hän tunsi, että se oli avain johonkin suurempaan, johonkin fyysisen maailman tuolla puolen. Vapisevin käsin hän lähti selvittämään avaimen **tarkoitusta**. Avain johdatti Lilyn unohdettuihin paikkoihin, jotka olivat piilossa ullakon syvyyksissä ja hänen mielikuvituksensa syvyyksissä. Se avasi ovet maailmoihin, jotka olivat täynnä fantastisia olentoja ja henkeäsalpaavia **maisemia**. Jokainen ovi paljasti uuden seikkailun, jossa Lilyn rohkeus ja luovuus joutuivat koetukselle.

Kun Lily matkusti syvemmälle arvoituslaatikon avaamiin maailmoihin, hän huomasi jotain **erikoista** - voima ei ollut vain avaimessa, vaan itse avaamisessa. Jokainen hänen kohtaamansa arvoitus, olipa se sitten arvoitus ratkaistavaksi tai haaste voitettavaksi, paljasti **itsestään** uusia kerroksia, joiden olemassaolosta hän ei ollut tiennyt. Kuukaudet muuttuivat vuosiksi, ja Lily kasvoi nuoreksi naiseksi. Hänestä tuli mestarillinen arvoituksen ratkaisija, joka avasi oman sydämensä ja mielensä salaisuudet. Palapelilaatikko oli ollut hänen oppaansa, joka opetti hänelle, että elämä oli **monimutkainen** palapeli, joka odotti ratkaisua. Uuden viisauden myötä hän jakoi tietonsa muiden kanssa ja auttoi heitä ratkaisemaan oman elämänsä **monimutkaisia kysymyksiä.**

Comprehension Questions

1. What did Lily find in the dusty old attic?
2. What was unique about the wooden box that Lily discovered?
3. How did Lily attempt to unlock the secrets of the puzzle box?
4. How long did Lily spend trying to solve the puzzle box?
5. What happened on a stormy evening that led to a breakthrough for Lily?
6. What did Lily find inside the puzzle box after unlocking it?
7. How did Lily feel when she held the golden key in her hand?
8. Where did the key lead Lily?
9. What did Lily discover about the act of unlocking as she journeyed through the realms?
10. How did Lily's experience with the puzzle box shape her as she grew older?

Ymmärtämisen Kysymykset

1. Mitä Lily löysi pölyiseltä ullakolta?
2. Mikä Lilyn löytämässä puulaatikossa oli ainutlaatuista?
3. Miten Lily yritti avata arvoituslaatikon salaisuudet?
4. Kuinka kauan Lily käytti aikaa yrittäessään ratkaista arvoituslaatikkoa?
5. Mitä tapahtui myrskyisenä iltana, joka johti Lilyn läpimurtoon?
6. Mitä Lily löysi arvoituslaatikon sisältä avattuaan sen?
7. Miltä Lilystä tuntui, kun hän piti kultaista avainta kädessään?
8. Minne avain johti Lilyn?
9. Mitä Lily sai selville lukituksen avaamisesta matkallaan valtakuntien läpi?
10. Miten Lilyn kokemus palapelilaatikosta muokkasi häntä vanhemmaksi tullessaan?

Footsteps in the Mist

Through the mist-covered valley, where the ethereal tendrils of fog danced with the moonlight, there echoed the **sound** of footsteps. The villagers spoke in hushed whispers of the mysterious phenomenon that occurred during the witching hour—a haunting melody accompanied by the rhythmic patter of unseen feet. Some claimed it was the spirits of the **forest**, while others believed it to be the work of an ancient curse. Among them was a young woman named Elena, whose curiosity burned brighter than her fear. Determined to uncover the **truth**, she ventured into the mist-shrouded valley, guided only by the distant echoes. As Elena stepped deeper into the enigmatic haze, her heart pounded in her chest. The world around her transformed into a **surreal** dreamscape, where shadows danced with the whispers of the night.

She followed the ethereal melody, its haunting notes leading her through the labyrinth of mist. With each step, her pulse quickened, **anticipation** mingling with trepidation. The footsteps grew louder, drawing her closer to their source. Finally, she arrived at a small clearing, bathed in an otherworldly glow. Before her stood a figure, draped in a **flowing** cloak that seemed to merge with the mist itself. The melody emanated from the figure, its voice both haunting and enchanting. "Why have you come, mortal?" it asked, its voice

Jalanjälkiä Sumussa

Sumun peittämästä laaksosta, jossa eteeriset sumun jänteet tanssivat kuunvalon kanssa, kaikui askelten **ääni**. Kyläläiset puhuivat kuiskaillen salaperäisestä ilmiöstä, joka tapahtui noitatunnin aikana - aavemainen melodia, jota säesti näkymättömien jalkojen rytmikäs askelten koputus. Jotkut väittivät, että kyseessä olivat **metsän** henget, kun taas toiset uskoivat sen olevan muinaisen kirouksen aikaansaannosta. Heidän joukossaan oli nuori nainen nimeltä Elena, jonka uteliaisuus paloi pelkoa kirkkaammin. Päättäväisenä selvittämään **totuuden** hän uskaltautui sumun peittämään laaksoon vain kaukaisten kaikujen ohjaamana. Kun Elena astui syvemmälle arvoitukselliseen sumuun, hänen sydämensä hakkasi rinnassaan. Maailma hänen ympärillään muuttui **surrealistiseksi** unimaailmaksi, jossa varjot tanssivat yön kuiskausten kanssa.

Hän seurasi eteeristä melodiaa, jonka ahdistavat sävelet johdattivat häntä sumulabyrintin läpi. Joka askeleella hänen pulssinsa kiihtyi, ja **odotus** sekoittui pelkoon. Askeleet voimistuivat ja veivät hänet lähemmäs niiden lähdettä. Lopulta hän saapui pienelle aukealle, joka kylpi tuonpuoleisessa hehkussa. Hänen edessään seisoi hahmo, joka oli verhoutunut **virtaavaan** viittaan, joka näytti sulautuvan itse sumuun. Hahmosta lähti melodia, jonka ääni oli

a **delicate** balance of curiosity and caution. Elena gathered her courage and spoke, her voice steady yet filled with wonder. "I seek the truth, the meaning behind the footsteps in the mist. Are they a curse or a **blessing**? Who are you?"

The figure paused, studying her with eyes that **gleamed** like stars. "I am the Guardian of the Mist, tasked with protecting the secrets of this realm. The footsteps you hear are neither curse nor blessing, but a reminder of the ephemeral nature of life and the beauty of the **unknown**." Elena listened intently, captivated by the figure's words. "Can you show me? Can you reveal the mysteries hidden within the mist?" The Guardian of the Mist nodded and extended a hand. Elena took it, and together they walked through the **veil** of fog. With each step, the mist whispered stories of forgotten civilizations, ancient creatures, and untold wonders. Elena's eyes widened with each revelation, her heart swelling with a profound sense of awe and gratitude. When they emerged from the mist, Elena found herself standing at the edge of the village. The footsteps had ceased, and the mist had dissipated, leaving only a lingering **sense** of enchantment.

sekä ahdistava että lumoava. "Miksi tulit, kuolevainen?" se kysyi, äänessä tasapainottelivat uteliaisuus ja varovaisuus. Elena keräsi rohkeutensa ja puhui, ääni oli vakaa mutta täynnä ihmettelyä. "Etsin totuutta, merkitystä sumussa kulkevien askelten takana. Ovatko ne kirous vai **siunaus**? Kuka sinä olet?"

Hahmo pysähtyi ja tutki häntä silmillään, jotka **loistivat** kuin tähdet. "Olen Sumun vartija, jonka tehtävänä on suojella tämän valtakunnan salaisuuksia. Kuulemasi askeleet eivät ole kirous eivätkä siunaus, vaan muistutus elämän katoavaisuudesta ja **tuntemattoman** kauneudesta." Elena kuunteli keskittyneesti, hahmon sanat vangitsivat hänet. "Voitko näyttää minulle? Voitko paljastaa sumun kätkemät salaisuudet?" Sumun vartija nyökkäsi ja ojensi kätensä. Elena tarttui siihen, ja yhdessä he kävelivät sumuverhon läpi. Joka askeleella sumu kuiskasi tarinoita unohdetuista sivilisaatioista, muinaisista olennoista ja sanomattomista ihmeistä. Elenan silmät laajenivat jokaisen paljastuksen myötä, ja hänen sydämensä paisui kunnioituksesta ja kiitollisuudesta. Kun he nousivat sumusta, Elena huomasi seisovansa kylän laidalla. Askeleet olivat lakanneet, ja sumu oli haihtunut, jättäen jälkeensä vain viipyvän lumon **tunteen.**

Comprehension Questions

1. What phenomenon occurred during the witching hour in the mist-covered valley?
2. How did the villagers perceive the source of the haunting melody and rhythmic footsteps?
3. What motivated Elena to venture into the mist-shrouded valley?
4. Describe the transformation of the world around Elena as she stepped deeper into the mist.
5. What led Elena through the labyrinth of mist?
6. What did Elena find when she arrived at the small clearing?
7. Who stood before Elena in the clearing, and how did they speak?
8. What did Elena ask the figure in the clearing, and what was their response?
9. What did the Guardian of the Mist reveal about the nature of the footsteps in the mist?
10. How did Elena feel and what did she experience as she walked through the mist with the Guardian?

Ymmärtämisen Kysymykset

1. Mikä ilmiö tapahtui noitatunnin aikana sumun peittämässä laaksossa?
2. Miten kyläläiset havaitsivat aavemaisen melodian ja rytmikkäiden askelten lähteen?
3. Mikä sai Elenan uskaltautumaan sumun peittämään laaksoon?
4. Kuvaile Elenaa ympäröivän maailman muuttumista, kun hän astui syvemmälle sumuun.
5. Mikä johti Elenan sumulabyrintin läpi?
6. Mitä Elena löysi, kun hän saapui pienelle aukiolle?
7. Kuka seisoi Elenan edessä aukiolla ja miten he puhuivat?
8. Mitä Elena kysyi hahmolta aukiolla, ja mitä tämä vastasi?
9. Mitä sumun vartija paljasti sumun jälkien luonteesta?
10. Miltä Elenasta tuntui ja mitä hän koki kävellessään sumun läpi vartijan kanssa?

Vanishing Melodies

In a quaint village nestled at the edge of a dense forest, there existed a peculiar legend. It was said that on **moonlit** nights, haunting melodies would drift through the air, captivating anyone who dared to listen. These melodies were said to possess a bewitching power, luring unsuspecting souls into the heart of the **forest**, where they would vanish without a trace. The villagers spoke of these vanishing melodies in hushed tones, fearful yet intrigued by their enchantment. Among the villagers was a young **musician** named Samuel. He possessed a natural talent for creating melodies that stirred the depths of one's soul. Intrigued by the legend, Samuel decided to venture into the forest, armed with his violin and an unyielding curiosity. As the moon ascended, casting an ethereal glow upon the **landscape**, he began to play a melancholic tune, echoing through the ancient trees.

The forest responded, its rustling leaves and murmuring creatures harmonizing with Samuel's music. The melodies swirled in the air, growing stronger and more enchanting. Samuel followed the ethereal sound, his heart pounding with both **excitement** and trepidation. The deeper he ventured, the more the forest seemed to come alive, its mystical allure beckoning him forward. As Samuel walked deeper into the heart of the forest, the melodies intensified,

Katoavat Melodiat

Eräässä viehättävässä kylässä, joka sijaitsi tiheän metsän reunalla, oli olemassa erikoinen legenda. Sanottiin, että kuutamoöinä ilmassa leijui aavemaisia melodioita, jotka vangitsivat kaikki, jotka uskalsivat kuunnella. Näillä melodioilla sanottiin olevan lumoava voima, joka houkutteli pahaa-aavistamattomat sielut **metsän** sydämeen, jossa he katosivat jäljettömiin. Kyläläiset puhuivat näistä katoavista melodioista hiljaisin äänin, pelokkaina mutta niiden lumous kiehtoi heitä. Kyläläisten joukossa oli nuori **muusikko** nimeltä Samuel. Hänellä oli luontainen lahjakkuus luoda melodioita, jotka koskettivat sielun syvyyksiä. Legendasta kiinnostunut Samuel päätti lähteä metsään viulunsa ja peräänantamattoman uteliaisuutensa kanssa. Kuun noustessa ja heittäessä eteerisen hehkun **maisemaan** hän alkoi soittaa melankolista sävelmää, joka kaikui ikivanhojen puiden läpi.

Metsä vastasi, sen lehtien kahina ja ääntelevät olennot sopivat yhteen Samuelin musiikin kanssa. Melodiat pyörivät ilmassa, voimistuivat ja lumoavat. Samuel seurasi eteeristä ääntä, ja hänen sydämensä hakkasi sekä **jännityksestä** että pelosta. Mitä syvemmälle hän eteni, sitä enemmän metsä tuntui heräävän eloon, ja sen mystinen viehätys houkutti häntä eteenpäin. Kun Samuel käveli syvemmälle metsän sydämeen, melodiat voimistuivat ja

becoming more intricate and haunting. He felt an invisible force tugging at his **senses**, drawing him towards an unseen destination. With each step, the world around him blurred, the boundaries between **reality** and fantasy merging into a dreamlike haze. Finally, Samuel reached a hidden glade bathed in moonlight. The melodies reached their crescendo, filling the air with their enchantment. He closed his eyes, surrendering himself to the music, feeling it resonate within his very being. And then, as suddenly as they had appeared, the **melodies** ceased.

Samuel opened his eyes, expecting to find himself surrounded by the ancient trees. But to his **astonishment**, he stood in the heart of the village square. Confusion and bewilderment washed over him as he realized he had returned without any **memory** of how he got there. The villagers greeted him with relieved smiles, for they had witnessed his vanishing act firsthand. They recounted how he had disappeared into the forest, lured by the **vanishing** melodies, and how they had feared they would never see him again. But here he stood, a living testament to the legend. Samuel, however, couldn't shake off the mystery that shrouded his experience. The melodies had captivated him, transporting him to a realm beyond **comprehension**.

muuttuivat yhä monimutkaisemmiksi ja ahdistavammiksi. Hän tunsi näkymättömän voiman, joka veti häntä kohti näkymätöntä määränpäätä. Joka askeleella maailma hänen ympärillään hämärtyi, **todellisuuden** ja kuvitelman rajat sulautuivat unenomaiseksi sumuksi. Lopulta Samuel saavutti kuunvalossa kylpevän piilossa olevan aukean. Melodiat saavuttivat crescendonsa ja täyttivät ilman lumollaan. Hän sulki silmänsä antautuen musiikille ja tunsi sen kaikuvan olemuksessaan. Ja sitten, yhtä äkkiä kuin ne olivat ilmestyneet, **melodiat** loppuivat.

Samuel avasi silmänsä ja odotti löytävänsä itsensä ikivanhojen puiden ympäröimänä. Mutta **hämmästyksekseen** hän seisoi keskellä kylän aukiota. Hämmennys ja hämmennys valtasivat hänet, kun hän tajusi, että hän oli palannut ilman mitään **muistikuvaa siitä,** miten hän oli sinne joutunut. Kyläläiset tervehtivät häntä helpottuneesti hymyillen, sillä he olivat nähneet hänen katoamisensa omakohtaisesti. He kertoivat, kuinka hän oli kadonnut metsään **katoavien** melodioiden houkuttelemana ja kuinka he olivat pelänneet, etteivät näkisi häntä enää koskaan. Mutta tässä hän seisoi, elävänä todistuksena legendasta. Samuel ei kuitenkaan pystynyt karistamaan kokemustaan ympäröivää mysteeriä. Melodiat olivat lumonneet hänet ja kuljettaneet hänet **käsittämättömään** maailmaan.

Comprehension Questions

1. What was the legend that existed in the village?
2. When did the haunting melodies occur?
3. What was the effect of these melodies on those who listened?
4. Who was the young musician intrigued by the legend?
5. What instrument did Samuel bring with him into the forest?
6. How did the forest respond to Samuel's music?
7. What happened as Samuel ventured deeper into the forest?
8. How did Samuel feel as he followed the melodies?
9. Where did Samuel find himself after the melodies ceased?
10. How did the villagers react to Samuel's return from the forest?

Ymmärtämisen Kysymykset

1. Mikä oli kylässä vallinnut legenda?
2. Milloin nämä aavemaiset melodiat esiintyivät?
3. Miten nämä melodiat vaikuttivat kuulijoihin?
4. Kuka oli se nuori muusikko, jota legenda kiehtoi?
5. Minkä välineen Samuel otti mukaansa metsään?
6. Miten metsä reagoi Samuelin musiikkiin?
7. Mitä tapahtui, kun Samuel eteni syvemmälle metsään?
8. Miltä Samuelista tuntui, kun hän seurasi melodioita?
9. Mistä Samuel löysi itsensä sen jälkeen, kun melodiat olivat loppuneet?
10. Miten kyläläiset suhtautuivat Samuelin paluuseen metsästä?

The Haunted Photograph

In a dusty antique shop, nestled on a quiet street, an old wooden chest concealed a peculiar secret—a mysterious photograph. The shop owner, Mr. Caldwell, knew of its eerie reputation. Legend had it that anyone who possessed the photograph would be cursed with ghostly **apparitions**. One stormy evening, a young woman named Lily wandered into the shop, seeking refuge from the downpour. Her eyes were drawn to the chest, and the photograph's **presence** seemed to call out to her. Mr. Caldwell, his gaze full of warning, reluctantly sold her the haunted relic. Back in her cozy apartment, Lily carefully examined the photograph. It depicted a somber-looking family gathered around a **fireplace**, frozen in time. She couldn't help but feel a strange connection to the figures in the image, sensing their **sorrow**.

As the days passed, Lily noticed peculiar occurrences. Objects would mysteriously move, shadows danced in her **peripheral** vision, and chilling drafts whispered through her home. Unease settled deep within her, and she suspected the photograph was **responsible**. One night, unable to bear the torment any longer, Lily embarked on a mission to discover the photograph's history. She searched through dusty archives, finding newspaper clippings recounting the tragedy that befell the family in the picture. It told

Kummitusvalokuva

Hiljaisella kadulla sijaitsevassa pölyisessä antiikkiliikkeessä vanha puinen arkku kätki sisäänsä erikoisen salaisuuden - salaperäisen valokuvan. Kaupan omistaja, herra Caldwell, tiesi sen karmivan maineen. Legendan mukaan valokuvan hallussapitäjä kirottuisi aaveiden **ilmestyksillä**. Eräänä myrskyisenä iltana nuori nainen nimeltä Lily vaelsi kauppaan etsimään suojaa kaatosateelta. Hänen katseensa kiinnittyi kirstuun, ja valokuvan **läsnäolo** tuntui kutsuvan häntä. Herra Caldwell, jonka katse oli täynnä varoitusta, myi vastahakoisesti hänelle kummitusjäännöksen. Takaisin kodikkaassa asunnossaan Lily tutki valokuvaa huolellisesti. Se kuvasi synkän näköistä perhettä, joka oli kerääntynyt **takan** ympärille ja jähmettynyt aikaan. Hän ei voinut olla tuntematta outoa yhteyttä kuvan hahmoihin ja aisti heidän **surunsa**.

Kun päivät kuluivat, Lily huomasi omituisia tapahtumia. Esineet liikkuivat salaperäisesti, varjot tanssivat hänen näkökentässään, ja kylmäävä veto kuiskasi hänen kotinsa läpi. Epäilys asettui syvälle hänen sisimpäänsä, ja hän epäili valokuvan olevan **syyllinen**. Eräänä yönä, kun Lily ei enää kestänyt piinaa, hän lähti selvittämään valokuvan historiaa. Hän tutki pölyisiä arkistoja ja löysi lehtileikkeitä, joissa kerrottiin kuvan perheen tragediasta. Se kertoi tarinan tuhoisasta tulipalosta, joka **tuhosi** heidän kotinsa

a tale of a devastating fire that **engulfed** their home, claiming the lives of everyone in the photograph. Their spirits, it was said, were trapped, seeking solace and release. Lily's heart ached for them, yearning to ease their pain. Driven by empathy, Lily made a bold decision. She would attempt to free the spirits from their **spectral** prison. Armed with ancient incantations and a flickering candle, she positioned herself before the photograph, ready to perform a ritual of release.

As she chanted the ancient words, a haunting wind whipped through the room, as if the spirits themselves were **responding**. The flames of the candle flickered and danced, casting ghostly shadows upon the walls. Suddenly, a blinding light burst from the **photograph**, enveloping the room. The family's figures within the picture seemed to come alive, their expressions shifting from sorrow to gratitude. They reached out to Lily, their ethereal hands touching her gently, before fading away into the ether. With the spirits now freed, Lily felt a profound sense of peace fill her soul. The **apartment** was quiet, devoid of the strange occurrences that had plagued her. She had broken the curse and released the family from their **torment**.

ja vaati kaikkien kuvassa olevien hengen. Heidän henkensä olivat kuulemma loukussa ja etsivät lohtua ja vapautusta. Lilyn sydäntä särki heidän puolestaan, ja hän halusi helpottaa heidän tuskaansa. Empatian ohjaamana Lily teki rohkean päätöksen. Hän yrittäisi vapauttaa henget aavevankilastaan. Muinaisilla loitsuilla ja tuikkivalla kynttilällä varustautuneena hän asettui valokuvan eteen, valmiina suorittamaan vapautusrituaalin.

Kun hän lausui muinaisia sanoja, huoneen läpi piiskasi ahdistava tuuli, aivan kuin henget itse olisivat **vastanneet**. Kynttilän liekit välkkyivät ja tanssivat heittäen aavemaisia varjoja seinille. Yhtäkkiä **valokuvasta** puhkesi sokaiseva valo, joka peitti huoneen. Perheen hahmot kuvassa tuntuivat heräävän eloon, ja heidän ilmeensä muuttuivat surusta kiitollisuuteen. He kurottautuivat Lilyn puoleen, heidän eeteriset kätensä koskettivat häntä hellästi, ennen kuin katosivat eetteriin. Kun henget olivat nyt vapautuneet, Lily tunsi syvän rauhan täyttävän sielunsa. **Asunto** oli hiljainen, vailla outoja tapahtumia, jotka olivat vaivanneet häntä. Hän oli rikkonut kirouksen ja vapauttanut perheen **piinasta**.

Comprehension Questions

1. Where was the antique shop located?
2. What was the secret concealed inside the old wooden chest?
3. What did Mr. Caldwell know about the photograph?
4. How did Lily end up in the antique shop?
5. Why did Lily feel a connection to the photograph in the chest?
6. How did Lily's apartment feel after she brought the photograph home?
7. What made Lily suspect that the photograph was responsible for the peculiar occurrences in her home?
8. What did Lily find in the dusty archives about the family in the photograph?
9. Why did Lily decide to attempt to free the spirits from the photograph?
10. How did the family's figures in the picture react when Lily performed the ritual of release?

Ymmärtämisen Kysymykset

1. Missä antiikkikauppa sijaitsi?
2. Mikä salaisuus oli kätketty vanhan puisen arkun sisälle?
3. Mitä herra Caldwell tiesi valokuvasta?
4. Miten Lily päätyi antiikkikauppaan?
5. Miksi Lily tunsi yhteyttä valokuvaan rinnassa?
6. Miltä Lilyn asunnossa tuntui, kun hän toi valokuvan kotiin?
7. Mikä sai Lilyn epäilemään, että valokuva oli vastuussa hänen kodissaan tapahtuneista oudoista tapahtumista?
8. Mitä Lily löysi pölyisistä arkistoista valokuvan perheestä?
9. Miksi Lily päätti yrittää vapauttaa henget valokuvasta?
10. Miten kuvassa esiintyvät perhehahmot reagoivat, kun Lily suoritti vapautusrituaalin?

Enigmatic Whispers

In a forgotten corner of the library, tucked away among shelves of ancient tomes, lay a weathered leather-bound book. Its title, "Enigmatic Whispers," beckoned those with a **curious** spirit. Legend had it that whoever dared to open its pages would be transported to a world of enchantment and mystery. One dreary afternoon, a young girl named Emily stumbled upon the book. Intrigued by its **mystique**, she carefully flipped through its yellowed **pages**, revealing cryptic symbols and tales of forgotten lands. With trembling hands, she read aloud an incantation that promised an adventure beyond her wildest dreams. As soon as the final word escaped her lips, a gust of wind **engulfed** Emily, whisking her away from the dusty library and into an ethereal realm. She found herself in a magical forest, where whispers filled the air, carrying secrets known only to the woodland creatures.

Curiosity led Emily deeper into the enchanting woods. With each step, the whispers grew louder, beckoning her forward. The trees seemed to sway in tune with the **melodic** murmurs, as if guiding her path. She followed the enigmatic whispers through moonlit clearings and over babbling brooks, her heart pounding with **anticipation**. Finally, the whispers led her to a hidden glen adorned with vibrant flowers and shimmering waterfalls. In the center

Arvoitukselliset Kuiskaukset

Kirjaston unohdetussa nurkassa, piilossa ikivanhojen kirjojen hyllyjen välissä, oli vanhentunut nahkakantinen kirja. Sen otsikko "Arvoituksellisia kuiskauksia" kutsui **uteliaita** ihmisiä. Legendan mukaan se, joka uskaltaa avata sen sivut, joutuu lumotun ja salaperäisen maailman maailmaan. Eräänä synkkänä iltapäivänä nuori tyttö nimeltä Emily törmäsi kirjaan. **Mysteeri** kiehtoi häntä, ja hän selaili varovasti sen kellastuneita **sivuja**, joista paljastui salaperäisiä symboleja ja tarinoita unohdetuista maista. Vapisevin käsin hän luki ääneen loitsun, joka lupasi seikkailun, joka ylittää hänen villeimmätkin unelmansa. Heti kun viimeinen sana oli päästetty hänen huuliltaan, tuulenpuuska **nielaisi** Emilyn ja vei hänet pois pölyisestä kirjastosta eeteriseen maailmaan. Hän löysi itsensä maagisesta metsästä, jossa kuiskaukset täyttivät ilman ja kuljettivat salaisuuksia, jotka vain metsän olennot tiesivät.

Uteliaisuus johdatti Emilyn syvemmälle lumoavaan metsään. Joka askeleella kuiskaukset voimistuivat ja kutsuivat häntä eteenpäin. Puut tuntuivat heiluvan **melodisen** murinan tahdissa, ikään kuin ohjaisivat hänen polkuaan. Hän seurasi arvoituksellisia kuiskauksia läpi kuutamoisten aukeiden ja purojen solisevien purojen, ja hänen sydämensä hakkasi **odotuksesta**. Lopulta kuiskaukset johdattivat hänet piilotettuun laaksoon, jota koristivat elinvoimaiset

stood a **majestic** figure—a wise and ancient spirit known as the Whispering Guardian. The Guardian's voice resonated like a gentle breeze, revealing cryptic riddles and tales of long-lost treasures. Captivated by the Guardian's **presence**, Emily dared to ask the ultimate question: "How can I carry the enchantment of this world back with me?"

The Guardian smiled knowingly, and with a graceful wave of its hand, a **delicate** silver locket appeared in Emily's palm. "This locket," the Guardian whispered, "holds the **essence** of our realm. Whenever you feel lost or in need of enchantment, open it, and the whispers of this world shall guide you." Grateful for the gift, Emily thanked the Whispering Guardian and bid **farewell** to the enchanted glen. As she found herself back in the library, clutching the leather-bound book, she realized that her journey had been more than a mere dream. From that day forward, Emily cherished the silver locket, wearing it close to her heart. Whenever she yearned for a taste of magic, she would open it, and the whispers of the enigmatic realm would fill her ears, sparking her imagination and reminding her of the endless **possibilities** that awaited beyond the veil of reality.

kukat ja hohtavat vesiputoukset. Keskellä seisoi **majesteettinen** hahmo - viisas ja muinainen henki, joka tunnettiin Kuiskaavana Vartijana. Vartijan ääni kaikui kuin lempeä tuulenvire, paljastaen kryptisiä arvoituksia ja tarinoita kauan kadonneista aarteista. Vartijan **läsnäolon** lumoissa Emily uskalsi esittää perimmäisen kysymyksen: "Miten voin viedä tämän maailman lumouksen mukanani takaisin?"

Vartija hymyili tietävästi, ja kättään sirosti heilauttamalla Emilyn kämmenelle ilmestyi **hento** hopeinen medaljonki. "Tässä medaljongissa", Vartija kuiskasi, "on valtakuntamme **ydin.** Aina kun tunnet olevasi eksyksissä tai tarvitset lumoa, avaa se, ja tämän maailman kuiskaukset opastavat sinua." Kiitollisena lahjasta Emily kiitti kuiskaavaa vartijaa ja **jätti hyvästit** lumotulle laaksolle. Löydettyään itsensä takaisin kirjastosta, nahkakantista kirjaa kädessään, hän tajusi, että hänen matkansa oli ollut enemmän kuin pelkkää unta. Siitä päivästä lähtien Emily vaali hopeista medaljonkia ja piti sitä lähellä sydäntään. Aina kun hän kaipasi maistaa taikuutta, hän avasi sen, ja salaperäisen valtakunnan kuiskaukset täyttivät hänen korvansa, sytyttivät hänen mielikuvituksensa ja muistuttivat häntä loputtomista **mahdollisuuksista,** jotka odottivat todellisuuden verhon takana.

Comprehension Questions

1. Where was the weathered leather-bound book found?
2. What was the title of the book and what did it beckon?
3. What legend surrounded the book?
4. How did Emily come across the book?
5. What did Emily discover when she flipped through the book's pages?
6. What happened to Emily after she read the incantation aloud?
7. What guided Emily as she ventured deeper into the woods?
8. Where did the whispers lead Emily in the forest?
9. Who was the majestic figure Emily encountered in the hidden glen?
10. What gift did the Whispering Guardian give to Emily and how could she use it to carry the enchantment of their world with her?

Ymmärtämisen Kysymykset

1. Mistä tämä nahkakantinen kirja löytyi?
2. Mikä oli kirjan nimi ja mitä se kutsui?
3. Mikä legenda ympäröi kirjaa?
4. Miten Emily törmäsi kirjaan?
5. Mitä Emily löysi, kun hän selasi kirjan sivuja?
6. Mitä Emilylle tapahtui sen jälkeen, kun hän oli lukenut loitsun ääneen?
7. Mikä ohjasi Emilyä, kun hän uskaltautui syvemmälle metsään?
8. Minne kuiskaukset johtivat Emilyn metsässä?
9. Kuka oli se majesteettinen hahmo, jonka Emily kohtasi salaisessa laaksossa?
10. Minkä lahjan Kuiskaava Vartija antoi Emilylle ja miten hän voisi käyttää sitä ja kantaa mukanaan heidän maailmansa lumoa?

Midnight Ciphers

In the heart of a bustling city, beneath the glow of towering skyscrapers, a secret society thrived. Known as the Midnight Ciphers, this clandestine group gathered under the cover of darkness to **exchange** messages encoded with ancient ciphers. One moonlit night, a young woman named Olivia stumbled upon an invitation to join the **enigmatic** organization. Drawn by curiosity and a hunger for adventure, she made her way to the specified location—a dimly lit basement concealed behind an unassuming bookstore. As Olivia descended the **creaking** stairs, the atmosphere grew charged with anticipation. The room was bathed in the soft glow of candlelight, casting shadows on the faces of the assembled Cipher members. The **leader**, a wise and mysterious figure named Lucius, welcomed Olivia into their fold.

Under Lucius's guidance, Olivia delved into the art of **encryption**. Ancient texts and cryptic manuscripts filled her nights, as she unraveled the secrets hidden within each cipher. She discovered the power of language, how words could become vessels of secrecy and **revelation**. Within the Midnight Ciphers, trust was paramount. Olivia forged deep connections with her fellow members, bonded by their shared fascination for codes and clandestine communication. Together, they honed their skills, becoming masters of deciphering

Keskiyön Salakirjoitukset

Vilkkaan kaupungin sydämessä, korkeiden pilvenpiirtäjien loisteessa, kukoisti salaseura. Keskiyön salakirjoittajina tunnettu salaseura kokoontui pimeyden turvin **vaihtamaan** muinaisilla salakirjoituksilla koodattuja viestejä. Eräänä kuutamoisena yönä nuori nainen nimeltä Olivia törmäsi kutsuun liittyä **salaperäiseen** järjestöön. Uteliaisuuden ja seikkailun nälän vetämänä hän suuntasi ilmoitetulle paikalle - hämärästi valaistuun kellariin, joka oli piilossa vaatimattoman kirjakaupan takana. Kun Olivia laskeutui **narisevia** portaita alas, ilmapiiri latautui odotuksesta. Huone kylpi pehmeässä kynttilänvalossa, joka heitti varjoja kokoontuneiden Cipherin jäsenten kasvoille. **Johtaja**, viisas ja salaperäinen Lucius-niminen hahmo, toivotti Olivian tervetulleeksi joukkoonsa.

Luciuksen opastuksella Olivia syventyi **salakirjoituksen** taitoon. Muinaiset tekstit ja kryptiset käsikirjoitukset täyttivät hänen yönsä, kun hän selvitti kuhunkin salakirjoitukseen kätkettyjä salaisuuksia. Hän huomasi kielen voiman ja sen, miten sanoista voi tulla salaisuuden ja **paljastuksen** astioita. Keskiyön salakirjoituksissa luottamus oli ensiarvoisen tärkeää. Olivia solmi syviä yhteyksiä muihin jäseniinsä, joita yhdisti heidän yhteinen kiinnostuksensa koodeihin ja salaiseen viestintään. Yhdessä he hioivat taitojaan, ja heistä tuli mestareita **viestien** purkamisessa ja koodaamisessa.

and encoding **messages**. Midnight meetings became the norm. In the cloak of night, the Ciphers gathered to exchange their encrypted missives, their words hidden beneath layers of complexity. Each communication held the thrill of **discovery**, a puzzle waiting to be solved. But as the group grew bolder, so did the whispers of danger. Rumors spread of a rival organization seeking to expose the Midnight Ciphers and their clandestine activities. Fear tinged the air, yet the Ciphers refused to be silenced.

One fateful night, as Olivia was deciphering a particularly **intricate** message, a sense of foreboding gripped her. She sensed a presence lurking in the shadows. A hushed voice warned her of impending **danger**, urging her to protect the secrets of the Midnight Ciphers at all costs. With determination in her heart, Olivia alerted her fellow Ciphers. They devised a plan to safeguard their knowledge and preserve the legacy of their organization. Each member scattered, retreating into the **depths** of anonymity, their encrypted messages tucked away in hidden corners of the world. Years passed, and the Midnight Ciphers became a mere memory—a whispered **legend** in the city's shadows. Olivia, now an elder, carried the weight of their legacy, cherishing the wisdom and bonds forged within the secret society.

Keskiyön tapaamisista tuli normi. Yön verhossa Ciphers kokoontui vaihtamaan salattuja viestejä, joiden sanat olivat piilossa monimutkaisten kerrosten alla. Jokainen viesti sisälsi **löytämisen** jännityksen, arvoituksen, joka odotti ratkaisua. Mutta kun ryhmä kasvoi rohkeammaksi, myös kuiskaukset vaarasta lisääntyivät. Huhut levisi kilpailevasta organisaatiosta, joka pyrki paljastamaan Midnight Ciphersin ja sen salaisen toiminnan. Pelko värjäsi ilmaa, mutta Ciphers kieltäytyi vaikenemasta.

Eräänä kohtalokkaana iltana, kun Olivia oli tulkitsemassa erityisen **monimutkaista** viestiä, häntä valtasi aavistus. Hän aisti varjoissa väijyvän läsnäolon. Hiljainen ääni varoitti häntä uhkaavasta **vaarasta** ja kehotti häntä suojelemaan Midnight Ciphersin salaisuuksia hinnalla millä hyvänsä. Päättäväisesti sydämessään Olivia varoitti muita salakirjoittajia. He laativat suunnitelman tietojensa turvaamiseksi ja järjestönsä perinnön säilyttämiseksi. Jokainen jäsen hajaantui, vetäytyi anonymiteetin **syvyyksiin** ja kätki salatut viestinsä maailman piilotettuihin kolkkiin. Vuodet kuluivat, ja Midnight Ciphersistä tuli pelkkä muisto - kuiskattu **legenda** kaupungin varjoissa. Olivia, joka oli nyt vanhempi, kantoi heidän perintönsä painolastia ja vaalii salaseurassa syntynyttä viisautta ja siteitä.

Comprehension Questions

1. Where did the secret society, the Midnight Ciphers, gather?
2. What was the purpose of their meetings?
3. How did Olivia become aware of the existence of the Midnight Ciphers?
4. Where was the location of their gatherings?
5. Who was the leader of the Midnight Ciphers, and what was his demeanor?
6. What did Olivia learn under Lucius's guidance?
7. What role did trust play within the Midnight Ciphers?
8. How did the Ciphers exchange their encoded messages?
9. What danger loomed over the Midnight Ciphers?
10. How did Olivia and her fellow Ciphers respond to the threat, and what was the outcome?

Ymmärtämisen Kysymykset

1. Missä salaseura, Midnight Ciphers, kokoontui?
2. Mikä oli heidän kokoustensa tarkoitus?
3. Miten Olivia sai tietää Midnight Ciphersin olemassaolosta?
4. Missä he kokoontuivat?
5. Kuka oli Midnight Ciphersin johtaja ja millainen hänen käytöksensä oli?
6. Mitä Olivia oppi Luciuksen johdolla?
7. Millainen rooli luottamuksella oli Midnight Ciphersissä?
8. Miten salakirjoittajat vaihtoivat koodattuja viestejään?
9. Mikä vaara uhkasi Midnight Ciphersiä?
10. Miten Olivia ja hänen salakirjoittajatoverinsa reagoivat uhkaan, ja mikä oli lopputulos?

Shattered Illusions

In a small town nestled amidst rolling hills, lived a **young** artist named Isabella. Her vibrant paintings captured the beauty and essence of the world, but behind her artistry, Isabella harbored a secret yearning. Deep within her heart, she longed to escape the **confines** of her ordinary life and embark on an extraordinary adventure. One fateful day, a traveling carnival arrived in town, bringing with it an air of magic and wonder. The carnival's main attraction was a mysterious fortune-teller named Madame Seraphina, who claimed to possess the power to reveal one's deepest desires. Isabella, drawn to the allure of the **unknown**, couldn't resist the temptation. With trepidation and excitement, Isabella entered the dimly lit tent of Madame Seraphina. The fortune-teller's eyes glimmered with ancient wisdom as she gazed into Isabella's **soul**.

With a voice that carried both **mystery** and truth, Madame Seraphina spoke, "Your desires are not bound by the canvas, my dear. Follow the path of discovery, and your illusions will be shattered." Isabella left the tent with a newfound determination. She would dare to chase her dreams beyond the confines of her art studio. Inspired by Madame Seraphina's **cryptic** words, Isabella packed her belongings and set off on a journey across unknown

Särkyneet Illuusiot

Pikkukaupungissa kukkuloiden keskellä asui **nuori** taiteilija nimeltä Isabella. Hänen eloisat maalauksensa vangitsivat maailman kauneuden ja olemuksen, mutta taiteellisuuden takana Isabellalla oli salainen kaipaus. Syvällä sydämessään hän kaipasi päästä pois tavallisen elämänsä **rajoista** ja lähteä poikkeukselliseen seikkailuun. Eräänä kohtalokkaana päivänä kaupunkiin saapui kiertävä tivoli, joka toi mukanaan taikaa ja ihmeitä. Karnevaalin vetonaula oli salaperäinen ennustaja nimeltä Madame Seraphina, joka väitti, että hänellä oli voima paljastaa ihmisen syvimmät toiveet. Isabella, jota **tuntemattoman** viehätys veti puoleensa, ei voinut vastustaa kiusausta. Vapisten ja jännittyneenä Isabella astui Madame Seraphinan hämärästi valaistuun telttaan. Ennustajan silmät loistivat ikivanhaa viisautta, kun hän katsoi Isabellan **sieluun**.

Madame Seraphina puhui äänellä, jossa oli sekä **salaperäisyyttä** että totuutta: "Halusi eivät ole sidottuja kankaaseen, kultaseni. Seuraa löytämisen polkua, ja illuusioitasi murskataan." Isabella poistui teltasta uudella päättäväisyydellä. Hän uskaltaisi jahdata unelmiaan taidestudionsa rajojen ulkopuolella. Madame Seraphinan **salaperäisten** sanojen innoittamana Isabella pakkasi tavaransa ja lähti matkalle tuntemattomiin maisemiin. Kun Isabella

landscapes. As Isabella ventured into the world, she encountered breathtaking vistas and encountered **diverse** cultures. She painted on mountaintops, in bustling markets, and by tranquil rivers. Her art flourished, capturing the **essence** of the places she visited and the people she met. With each stroke of her brush, Isabella felt her own spirit soar, liberated from the shackles of familiarity.

However, amidst the euphoria of her travels, Isabella began to feel a sense of unease. The more she explored, the more she realized that the world was not always as idyllic as her **paintings** had portrayed. She witnessed poverty, inequality, and the scars left by war. The shattered illusions of her once-idealistic perspective threatened to dampen her creative fire. But Isabella refused to let despair **consume** her. Instead, she channeled her newfound awareness into her art, using her paintings as a voice to shed light on the world's injustices. Each stroke became a plea for **compassion**, a call for change. As Isabella returned to her small town, she was no longer the same dreamer who had left. She had traded naivety for wisdom, and idealism for a burning desire to make a **difference**. Isabella's paintings no longer solely reflected beauty; they now carried the weight of truth.

uskaltautui maailmaan, hän kohtasi henkeäsalpaavia näkymiä ja **erilaisia** kulttuureja. Hän maalasi vuorenhuipuilla, vilkkailla markkinoilla ja rauhallisten jokien rannoilla. Hänen taiteensa kukoisti, ja se vangitsi hänen käymiensä paikkojen ja tapaamiensa ihmisten **olemuksen**. Jokaisella siveltimen vedolla Isabella tunsi oman henkensä kohoavan, vapautuneena tuttuuden kahleista.

Matkojensa euforian keskellä Isabella alkoi kuitenkin tuntea levottomuutta. Mitä enemmän hän tutki maailmaa, sitä enemmän hän tajusi, ettei maailma ollut aina niin idyllinen kuin hänen **maalauksissaan** oli kuvattu. Hän näki köyhyyttä, eriarvoisuutta ja sodan jättämiä arpia. Särkyneet illuusiot hänen entisen ideaalinäkemyksestään uhkasivat sammuttaa hänen luovan palonsa. Isabella ei kuitenkaan antanut epätoivon **nujertaa** itseään. Sen sijaan hän kanavoi uuden tietoisuutensa taiteeseensa ja käytti maalauksiaan äänenä valottaakseen maailman epäoikeudenmukaisuutta. Jokaisesta vedosta tuli vetoomus **myötätunnon puolesta**, kehotus muutokseen. Kun Isabella palasi pikkukaupunkiinsa, hän ei ollut enää sama uneksija kuin lähtiessään. Hän oli vaihtanut naiiviuden viisauteen ja idealismin palavaan haluun **vaikuttaa asi**oihin. Isabellan maalaukset eivät enää heijastaneet pelkästään kauneutta, vaan niissä oli nyt totuuden paino.

Comprehension Questions

1. What was Isabella's secret yearning?
2. What arrived in the small town that piqued Isabella's curiosity?
3. Who was the main attraction of the traveling carnival?
4. What did Madame Seraphina claim to possess?
5. How did Isabella feel after her encounter with Madame Seraphina?
6. What decision did Isabella make after leaving the fortune-teller's tent?
7. What did Isabella encounter as she ventured into the world?
8. How did Isabella's perspective change as she explored different places?
9. What challenges did Isabella face that threatened her creative fire?
10. How did Isabella use her art to address the injustices she witnessed?

Ymmärtämisen Kysymykset

1. Mikä oli Isabellan salainen kaipuu?
2. Mikä saapui pikkukaupunkiin, joka herätti Isabellan uteliaisuuden?
3. Kuka oli kiertävän karnevaalin vetonaula?
4. Mitä Madame Seraphina väitti omistavansa?
5. Miltä Isabellasta tuntui kohtaamisen jälkeen Madame Seraphinan kanssa?
6. Minkä päätöksen Isabella teki lähdettyään ennustajan teltasta?
7. Mitä Isabella kohtasi, kun hän uskaltautui maailmaan?
8. Miten Isabellan näkökulma muuttui, kun hän tutustui eri paikkoihin?
9. Mitä haasteita Isabella kohtasi, jotka uhkasivat hänen luovaa paloaan?
10. Miten Isabella käytti taidettaan puuttuakseen todistamaansa epäoikeudenmukaisuuteen?

The Lost Treasure of Avalon

On a misty morning, as the sun's rays struggled to **pierce** through the thick fog, a young archaeologist named Amelia embarked on an adventure of a lifetime. Her quest? To uncover the fabled Lost Treasure of Avalon—a mythical fortune rumored to hold **unimaginable** wealth and power. Guided by ancient texts and obscure maps, Amelia found herself standing on the mystical shores of Avalon, a place steeped in legends and magic. She treaded cautiously through the lush forests, the whispers of ancient druids echoing in her ears. Amelia's heart pounded with anticipation as she stepped into a hidden cave, its entrance concealed by **vines** and moss. Inside the cave, shimmering with an otherworldly glow, Amelia discovered a series of cryptic symbols etched onto the cavern walls. Determined to unlock their secrets, she meticulously deciphered the **enigmatic** runes, piecing together a tale of a forgotten kingdom and a powerful artifact—the Crown of Avalon.

Driven by a thirst for discovery, Amelia pressed **deeper** into the cave, navigating treacherous tunnels and overcoming hidden traps. Finally, she reached a vast chamber adorned with ancient tapestries and jeweled mosaics. In the center of the chamber stood a stone **pedestal**, atop which rested the fabled Crown of Avalon,

Avalonin Kadonnut Aarre

Nuori arkeologi Amelia lähti eräänä sumuisena aamuna elämänsä seikkailuun, kun auringon säteet pyrkivät vaivoin **lävistämään** paksun sumun. Hänen tehtävänsä? Löytää Avalonin tarunomainen kadonnut aarre - myyttinen omaisuus, jonka huhutaan sisältävän **käsittämätöntä** vaurautta ja valtaa. Muinaisten tekstien ja hämäräperäisten karttojen opastamana Amelia löysi itsensä Avalonin salaperäiseltä rannalta, paikasta, joka on täynnä legendoja ja taikaa. Hän asteli varovasti rehevien metsien halki, ja muinaisten druidien kuiskaukset kaikuivat hänen korvissaan. Amelian sydän hakkasi odotuksesta, kun hän astui piilossa olevaan luolaan, jonka sisäänkäynnin peittivät **köynnökset** ja sammal. Luolan sisällä, joka hohtoi tuonpuoleisessa loisteessa, Amelia löysi luolan seiniin kaiverrettuja salaperäisiä symboleja. Päättäväisenä avaamaan niiden salaisuudet Amelia tulkitsi tarkkaan **arvoituksellisia** riimuja ja kokosi tarinan unohdetusta kuningaskunnasta ja mahtavasta esineestä - Avalonin kruunusta.

Löytämisen janon ajamana Amelia tunkeutui **syvemmälle** luolaan, navigoi petollisissa tunneleissa ja voitti piilotetut ansat. Lopulta hän pääsi suureen kammioon, jota koristivat muinaiset seinävaatteet ja jalokiviset mosaiikit. Kammion keskellä seisoi **kivijalusta,** jonka päällä lepäsi tarunomainen Avalonin kruunu, jonka säteily

its radiance illuminating the room. With trembling hands, Amelia carefully lifted the crown, feeling a surge of **energy** coursing through her veins. But before she could celebrate her triumph, the ground beneath her began to rumble, and the chamber shook with a thunderous force. The ghostly figure of Merlin, the legendary sorcerer, materialized before her. "Bearer of the crown," Merlin's voice boomed, "you have awakened the magic of Avalon. But be warned, the treasure carries a **weighty** responsibility. Only a pure heart can wield its power for the greater good."

Amelia nodded, her eyes filled with determination. She understood the magnitude of the task ahead. With the **crown** in her possession, she vowed to use its power wisely and protect the legacy of Avalon. Emerging from the cave, Amelia returned to the modern world, carrying the **weight** of history on her shoulders. She devoted her life to preserving the knowledge and artifacts she had discovered. The Lost Treasure of Avalon became a **symbol** of hope, a reminder that the past held wisdom that could shape the present. Through Amelia's efforts, the lost kingdom of Avalon was resurrected in the collective consciousness of **humanity**. Museums showcased the artifacts, and scholars delved into the mysteries of the ancient realm.

valaisi huoneen. Amelia nosti kruunua varovasti vapisevin käsin ja tunsi, kuinka hänen suonissaan virtasi **energiaa.** Mutta ennen kuin hän ehti juhlia voittoaan, maa hänen allaan alkoi jyristä, ja kammio tärisi jyrisevällä voimalla. Merlinin, legendaarisen velhon, aavemainen hahmo materialisoitui hänen eteensä. "Kruunun kantaja", Merlinin ääni pauhasi, "olet herättänyt Avalonin taikuuden. Mutta varoitan sinua, aarteeseen liittyy **painava** vastuu. Vain puhdassydäminen voi käyttää sen voimaa suuremman hyvän hyväksi."

Amelia nyökkäsi, silmät täynnä päättäväisyyttä. Hän ymmärsi edessä olevan tehtävän suuruuden. Kun **kruunu oli hänen** hallussaan, hän vannoi käyttävänsä sen voimaa viisaasti ja suojelevansa Avalonin perintöä. Luolasta astuessaan Amelia palasi nykymaailmaan, historian **paino** harteillaan. Hän omisti elämänsä löytämiensä tietojen ja esineiden säilyttämiselle. Avalonin kadonneesta aarteesta tuli toivon **symboli**, muistutus siitä, että menneisyys sisältää viisautta, joka voi muokata nykyisyyttä. Amelian ponnistelujen ansiosta Avalonin kadonnut kuningaskunta herätettiin henkiin **ihmiskunnan** kollektiivisessa tietoisuudessa. Museot esittelivät esineitä, ja tutkijat syventyivät muinaisen valtakunnan salaisuuksiin.

Comprehension Questions

1. What was Amelia's quest in the story?
2. How did Amelia know where to find the Lost Treasure of Avalon?
3. What did Amelia discover inside the hidden cave?
4. Why was Amelia determined to decipher the cryptic symbols on the cavern walls?
5. Describe the scene when Amelia found the Crown of Avalon.
6. What happened after Amelia lifted the crown from the stone pedestal?
7. Who appeared before Amelia after she lifted the crown?
8. What warning did Merlin give to Amelia regarding the treasure?
9. How did Amelia vow to use the power of the crown?
10. What impact did Amelia's efforts have on the lost kingdom of Avalon in the modern world?

Ymmärtämisen Kysymykset

1. Mikä oli Amelian tehtävä tarinassa?
2. Mistä Amelia tiesi, mistä Avalonin kadonnut aarre löytyi?
3. Mitä Amelia löysi kätketystä luolasta?
4. Miksi Amelia oli päättänyt tulkita luolan seinissä olevat kryptiset symbolit?
5. Kuvaile kohtaus, jossa Amelia löysi Avalonin kruunun.
6. Mitä tapahtui sen jälkeen, kun Amelia nosti kruunun kivijalustalta?
7. Kuka ilmestyi Amelian eteen sen jälkeen, kun hän nosti kruunun?
8. Minkä varoituksen Merlin antoi Amelialle aarteesta?
9. Miten Amelia vannoi käyttävänsä kruunun valtaa?
10. Mikä vaikutus Amelian ponnisteluilla oli Avalonin kadonneeseen kuningaskuntaan nykymaailmassa?

Voyage Through the Seven Continents

In a quaint seaside town, there lived a **young** girl named Lily, who possessed an insatiable curiosity about the world. She spent her days reading books and dreaming of far-off lands. One day, an old sailor named Captain Benjamin arrived in town, regaling the **townsfolk** with tales of his adventures. Lily was captivated by his stories, and a seed of wanderlust was planted deep within her heart. Determined to explore the world, Lily embarked on a grand voyage through the seven continents. She boarded Captain Benjamin's ship, setting sail into the vast unknown. Their first destination was Africa, where Lily marveled at the breathtaking wildlife in the Serengeti. She encountered **majestic** lions, graceful giraffes, and playful elephants. Next, they ventured to Asia, where Lily found herself amidst bustling markets and ancient temples. She learned the art of meditation from wise **monks** and tasted exotic spices that tingled her taste buds.

Their journey continued to Europe, where Lily wandered through the romantic streets of Paris, gazing at the Eiffel Tower in awe. She delighted in the colorful architecture of Barcelona and danced through the lively streets of Athens. In North America, Lily explored the **majestic** landscapes of the Grand Canyon and the vast wilderness of Alaska. She kayaked through sparkling **glaciers** and

Matka Seitsemän Maanosan Halki

Eräässä viehättävässä merenrantakaupungissa asui **nuori** tyttö nimeltä Lily, jolla oli kyltymätön uteliaisuus maailmaa kohtaan. Hän vietti päivänsä lukemalla kirjoja ja unelmoimalla kaukaisista maista. Eräänä päivänä kaupunkiin saapui vanha merimies nimeltä kapteeni Benjamin, joka ilahdutti **kaupunkilaisia** tarinoilla seikkailuistaan. Hänen tarinansa lumosivat Lilyn, ja hänen sydämeensä kylvettiin syvälle matkanhimon siemen. Lily lähti päättäväisesti tutkimaan maailmaa ja lähti suurelle matkalle läpi seitsemän maanosan. Hän nousi kapteeni Benjaminin laivaan ja lähti purjehtimaan suureen tuntemattomaan. Heidän ensimmäinen määränpäänsä oli Afrikka, jossa Lily ihmetteli Serengetin henkeäsalpaavaa villieläimistöä. Hän kohtasi **majesteettisia** leijonia, siroja kirahveja ja leikkisiä norsuja. Seuraavaksi he lähtivät Aasiaan, jossa Lily löysi itsensä keskeltä vilkkaita markkinoita ja muinaisia temppeleitä. Hän oppi viisailta **munkeilta** meditaation taidon ja maisteli eksoottisia mausteita, jotka kutkuttivat hänen makunystyröitään.

Heidän matkansa jatkui Eurooppaan, jossa Lily vaelsi Pariisin romanttisilla kaduilla ja katseli Eiffel-tornia ihaillen. Hän ihastui Barcelonan värikkääseen arkkitehtuuriin ja tanssi Ateenan vilkkailla kaduilla. Pohjois-Amerikassa Lily tutustui Grand Canyonin

marveled at the vibrant hues of autumn in New England. South America beckoned with its vibrant culture and natural wonders. Lily hiked through the lush Amazon rainforest and stood in awe of the majestic Machu Picchu. She danced to the **rhythm** of samba in the streets of Rio de Janeiro. Their journey took them to Australia, where Lily encountered the unique wildlife of the Outback. She cuddled with koalas, marveled at the Great Barrier Reef, and learned about Aboriginal **culture**.

Finally, they reached Antarctica, a **pristine** land of ice and tranquility. Lily stood at the edge of the continent, feeling a sense of awe and insignificance in the face of its **vastness**. As their voyage came to an end, Lily realized that the true treasure lay not only in the beauty of each continent but also in the friendships she had forged along the way. She had sailed across oceans, traversed deserts, and climbed **mountains**, but it was the shared experiences and the bonds she formed with Captain Benjamin and her fellow **adventurers** that made the journey truly memorable. Back in her seaside town, Lily became a storyteller, sharing tales of her voyage through the seven continents with the townsfolk.

majesteettisiin maisemiin ja Alaskan valtavaan erämaahan. Hän meloi kajakilla kimaltelevien **jäätiköiden** läpi ja ihmetteli syksyn väriloistoa Uudessa Englannissa. Etelä-Amerikka houkutteli eloisalla kulttuurillaan ja luonnonihmeillään. Lily vaelsi Amazonin rehevän sademetsän halki ja ihaili majesteettista Machu Picchua. Hän tanssi samban **tahtiin** Rio de Janeiron kaduilla. Heidän matkansa vei heidät Australiaan, jossa Lily kohtasi Outbackin ainutlaatuisen villieläimistön. Hän halaili koalojen kanssa, ihmetteli Suurta valliriuttaa ja oppi aboriginaalien **kulttuurista**.

Lopulta he saapuivat Etelämantereelle, **koskemattomaan** jään ja hiljaisuuden maahan. Lily seisoi mantereen reunalla tuntien kunnioitusta ja merkityksettömyyttä sen **valtavuuden edessä**. Matkan päättyessä Lily tajusi, että todellinen aarre ei ollut vain kunkin mantereen kauneudessa vaan myös ystävyyssuhteissa, joita hän oli solminut matkan varrella. Hän oli purjehtinut valtamerten yli, kulkenut aavikoiden halki ja kiivennyt **vuorille, mutta juuri** yhteiset kokemukset ja siteet, jotka hän oli solminut kapteeni Benjaminin ja **seikkailijatovereidensa** kanssa, tekivät matkasta todella ikimuistoisen. Takaisin rantakaupungissaan Lilystä tuli tarinankertoja, joka kertoi kaupunkilaisille tarinoita matkastaan seitsemän maanosan halki.

Comprehension Questions

1. What was Lily's characteristic that set her apart from others in the seaside town?
2. How did Lily become inspired to embark on a grand voyage?
3. Who was Captain Benjamin, and what role did he play in Lily's journey?
4. Describe Lily's experience in Africa and mention three animals she encountered.
5. Which continents did Lily and Captain Benjamin visit after Africa?
6. Name three cities or landmarks that Lily explored in Europe.
7. What natural wonders did Lily witness in North America?
8. Where did Lily hike and what famous site did she visit in South America?
9. What were some highlights of Lily's journey in Australia?
10. How did Lily feel when she stood at the edge of Antarctica, and what did she realize about the true treasure of her voyage?

Ymmärtämisen Kysymykset

1. Mikä oli Lilyn ominaisuus, joka erotti hänet muista merenrantakaupungin asukkaista?
2. Miten Lily innostui lähtemään suurelle matkalle?
3. Kuka oli kapteeni Benjamin ja mikä rooli hänellä oli Lilyn matkassa?
4. Kuvaile Lilyn kokemuksia Afrikassa ja mainitse kolme eläintä, joita hän kohtasi.
5. Missä maanosissa Lily ja kapteeni Benjamin vierailivat Afrikan jälkeen?
6. Mainitse kolme kaupunkia tai maamerkkiä, joita Lily tutki Euroopassa.
7. Mitä luonnonihmeitä Lily todisti Pohjois-Amerikassa?
8. Missä Lily vaelsi ja missä kuuluisassa paikassa hän vieraili Etelä-Amerikassa?
9. Mitkä olivat Lilyn matkan kohokohtia Australiassa?
10. Miltä Lilystä tuntui, kun hän seisoi Etelämantereen reunalla, ja mitä hän tajusi matkansa todellisesta aarteesta?

Lost Kingdom of Aramore

Deep in the heart of a dense forest, concealed by **centuries** of secrecy, lay the Lost Kingdom of Aramore. Legends spoke of its grandeur and riches, its majestic castles and **enchanted** gardens. Many had ventured into the forest in search of the kingdom, but none had returned. Among those captivated by the tales was a brave and determined adventurer named Ethan. Ethan had heard the stories whispered by villagers around **campfires**, and his heart yearned to uncover the truth. Equipped with a worn map and an unwavering spirit, he ventured into the depths of the forest. Guided by the faint echoes of **forgotten** tales, he navigated through tangled vines and treacherous terrain. The forest seemed to come alive around him, whispering secrets as he pressed forward.

Days turned into weeks, and just as hope began to wane, Ethan stumbled upon an ancient stone archway concealed beneath a thick veil of **foliage**. Carved into the arch were the words, "Welcome to Aramore, the Lost Kingdom." With a mixture of **excitement** and trepidation, Ethan stepped through the archway, and the world around him transformed. Before him lay a sprawling kingdom, frozen in time. Dilapidated castles stood tall, their once vibrant colors faded by the passage of years. Overgrown gardens spilled with **wildflowers**, reclaiming their rightful place. As Ethan explored

Aramoren Kadonnut Kuningaskunta

Syvällä tiheän metsän sydämessä, **vuosisatojen** salaisuuden kätkemänä, sijaitsi Aramoren kadonnut kuningaskunta. Legendat kertoivat sen mahtavuudesta ja rikkauksista, sen majesteettisista linnoista ja **lumotuista** puutarhoista. Monet olivat uskaltautuneet metsään etsimään kuningaskuntaa, mutta kukaan ei ollut palannut. Tarinoiden lumonneiden joukossa oli rohkea ja päättäväinen seikkailija nimeltä Ethan. Ethan oli kuullut tarinoita, joita kyläläiset kuiskivat **leirinuotioiden** äärellä, ja hänen sydämensä kaipasi totuuden selvittämistä. Kuluneella kartalla ja vankkumattomalla hengellä varustautuneena hän uskaltautui metsän syvyyksiin. **Unohdettujen** tarinoiden haaleiden kaikujen ohjaamana hän suunnisti mutkittelevien köynnösten ja petollisen maaston läpi. Metsä tuntui heräävän eloon hänen ympärillään kuiskaten salaisuuksia, kun hän eteni eteenpäin.

Päivät vaihtuivat viikoiksi, ja juuri kun toivo alkoi hiipua, Ethan törmäsi muinaiseen kivikaareen, joka oli piilossa paksun **lehtiverhon** alla. Kaareen oli kaiverrettu sanat: "Tervetuloa Aramoreen, kadonneeseen kuningaskuntaan." Ethan astui **jännityksen** ja pelon sekoituksessa kaaren läpi, ja maailma hänen ympärillään muuttui. Hänen edessään oli laaja valtakunta, joka oli jähmettynyt aikaan. Ränsistyneet linnat kohosivat, ja niiden

the deserted streets, he could almost hear the whispers of the past, the echoes of **laughter** and merriment that once filled the air.

With each step, Ethan pieced together the story of Aramore. Once a prosperous and harmonious realm, it had fallen victim to a **curse** that plunged it into eternal slumber. The kingdom's inhabitants had been trapped in an enchanted sleep, awaiting the **arrival** of a savior who could break the spell and restore Aramore to its former glory. Determined to fulfill his destiny, Ethan delved into forgotten **archives** and sought out ancient artifacts. He studied spellbooks and consulted wise hermits in distant caves. Armed with newfound knowledge, he set out to break the curse that had plagued Aramore for centuries. With every incantation, the kingdom stirred. Flowers bloomed, and birds returned to the sky. The **inhabitants** awoke from their age-long slumber, their faces alight with gratitude and hope. The Lost Kingdom of Aramore had been reborn. Ethan's name echoed through the streets as the hero who had restored their kingdom. The people celebrated, and their joy reverberated throughout the land.

aikoinaan eloisat värit olivat vuosien saatossa haalistuneet. Ylikasvaneet puutarhat pursuilivat **luonnonkukkia** ja vaativat takaisin oikean paikkansa. Kun Ethan tutki autioita katuja, hän melkein kuuli menneisyyden kuiskaukset, **naurun** ja ilon kaikuja, jotka kerran täyttivät ilman.

Joka askeleella Ethan kokosi Aramoren tarinan. Aikoinaan vauras ja harmoninen valtakunta oli joutunut **kirouksen** uhriksi, joka oli syöksynyt ikuiseen horrokseen. Valtakunnan asukkaat olivat jääneet lumotun unen loukkuun odottamaan pelastajan **saapumista**, joka voisi murtaa loitsun ja palauttaa Aramoren entiseen loistoonsa. Päättäväisenä täyttämään kohtalonsa Ethan kaivautui unohdettuihin **arkistoihin** ja etsi muinaisia artefakteja. Hän tutki loitsukirjoja ja konsultoi kaukaisissa luolissa asuvia viisaita erakoita. Uusien tietojensa avulla hän lähti murtamaan kirousta, joka oli vaivannut Aramorea vuosisatojen ajan. Jokaisella loitsulla valtakunta liikahti. Kukat kukkivat ja linnut palasivat taivaalle. **Asukkaat** heräsivät ikiaikaisesta unestaan, ja heidän kasvonsa loistivat kiitollisuudesta ja toivosta. Aramoren kadonnut kuningaskunta oli syntynyt uudelleen. Ethanin nimi kaikui kaduilla sankarina, joka oli palauttanut heidän valtakuntansa. Ihmiset juhlivat, ja heidän ilonsa kaikui koko maassa.

Comprehension Questions

1. What is the name of the lost kingdom in the story?
2. What did legends say about the Lost Kingdom of Aramore?
3. How did Ethan hear about the tales of Aramore?
4. What did Ethan use to guide him through the forest?
5. What did Ethan find hidden beneath the foliage in the forest?
6. Describe the condition of the castles in Aramore when Ethan arrived.
7. What had caused the inhabitants of Aramore to fall into an enchanted sleep?
8. What was Ethan's goal in exploring the kingdom of Aramore?
9. How did Ethan prepare himself to break the curse?
10. What happened when Ethan successfully broke the curse?

Ymmärtämisen Kysymykset

1. Mikä on tarinan kadonneen valtakunnan nimi?
2. Mitä legendat kertoivat Aramoren kadonneesta kuningaskunnasta?
3. Miten Ethan kuuli Aramoren tarinoista?
4. Mitä Ethan käytti opastamaan häntä metsän läpi?
5. Mitä Ethan löysi metsän lehtien alta?
6. Kuvaile, missä kunnossa Aramoren linnat olivat Ethanin saapuessa.
7. Mikä oli saanut Aramoren asukkaat vaipumaan lumottuun uneen?
8. Mikä oli Ethanin tavoite tutkia Aramoren valtakuntaa?
9. Miten Ethan valmistautui murtamaan kirouksen?
10. Mitä tapahtui, kun Ethan onnistui rikkomaan kirouksen?

Captain Blood's Dagger

In the heart of the Caribbean, where the **turquoise** waters kissed the golden shores, a notorious pirate named Captain Blood ruled the seas. His reputation for treachery and plunder struck fear into the hearts of sailors and merchants alike. Among his prized **possessions** was a legendary dagger, said to possess mystical powers and bring untold riches to its owner. It was rumored that the dagger had the ability to control the winds and guide ships through treacherous storms. One stormy night, as Captain Blood's ship, The Black Serpent, sailed through rough **waters**, a young sailor named Jack stumbled upon the captain's cabin. His eyes widened as he caught sight of the gleaming dagger resting atop a velvet-lined chest. Unable to resist its **allure**, Jack reached out and grasped the hilt. Instantly, a surge of energy coursed through his veins. The winds howled, and The Black Serpent veered off its course, sailing into uncharted waters.

Days turned into weeks as Jack struggled to control the ship amidst the raging storms. The crew grew weary, their faith in Captain Blood **shaken**. Jack knew he had to find a way to harness the power of the dagger and restore order. Desperate for answers, he sought **guidance** from an old sea witch rumored to reside on a remote island. Guided by a map inscribed with cryptic symbols, Jack and a

Kapteeni Bloodin Tikari

Karibianmeren sydämessä, jossa **turkoosit** vedet suutelivat kultaisia rantoja, meriä hallitsi pahamaineinen merirosvo nimeltä Kapteeni Blood. Hänen petollisen ja ryöstelevän maineensa herätti pelkoa niin merimiesten kuin kauppiaidenkin sydämissä. Hänen arvokkaaseen **omaisuuteensa kuului** legendaarinen tikari, jolla sanottiin olevan mystisiä voimia ja joka toisi omistajalleen mittaamattomia rikkauksia. Huhujen mukaan tikari pystyi hallitsemaan tuulia ja ohjaamaan laivoja petollisten myrskyjen läpi. Eräänä myrskyisenä yönä, kun kapteeni Bloodin laiva Musta Käärme purjehti kovilla **vesillä**, nuori merimies nimeltä Jack törmäsi kapteenin hyttiin. Hänen silmänsä laajenivat, kun hän huomasi samettivuoratun arkun päällä lepäävän kiiltävän tikarin. Kykenemättä vastustamaan sen **vetovoimaa** Jack tarttui sen kahvaan. Välittömästi hänen suonissaan virtasi energiasyöksy. Tuuli ulvoi, ja Musta Käärme poikkesi kurssiltaan purjehtien tuntemattomille vesille.

Päivät muuttuivat viikoiksi, kun Jack kamppaili laivan hallinnasta myrskyjen keskellä. Miehistö väsyi, ja heidän uskonsa kapteeni Bloodiin **horjui**. Jack tiesi, että hänen oli löydettävä keino valjastaa tikarin voima ja palauttaa järjestys. Hän etsi epätoivoisesti vastauksia ja etsi **opastusta** vanhalta merinoidalta, jonka huhutaan

handful of loyal crew members set out on a treacherous **journey**. They battled fierce winds, perilous waves, and the wrath of vengeful sea creatures. Finally, they reached the island, shrouded in mist and surrounded by jagged cliffs. The sea witch, a mysterious figure draped in tattered **robes**, greeted them with a knowing smile.

With her guidance, Jack learned the ancient secrets of the dagger. He discovered that its power was not to be wielded for **personal** gain but for the greater good. The winds were not meant to be tamed but to be respected and navigated with skill. Armed with newfound **wisdom**, Jack returned to The Black Serpent, ready to lead the crew through the tempestuous seas. As the storm clouds cleared and the winds calmed, Captain Blood, impressed by Jack's courage and **determination**, acknowledged his leadership. The crew, once divided, rallied behind their newfound captain. With each successful voyage, Captain Blood's reputation changed. He became known not only for his ruthlessness but also for his ability to navigate the **deadliest** waters unscathed.

asuvan syrjäisellä saarella. Salaperäisiä symboleja sisältävän kartan ohjaamana Jack ja kourallinen uskollisia miehistön jäseniä lähtivät petolliselle **matkalle**. He taistelivat kovia tuulia, vaarallisia aaltoja ja kostonhimoisten merieläinten vihaa vastaan. Lopulta he saapuivat sumun peittämälle saarelle, jota ympäröivät jyrkät kalliot. Merinoita, salaperäinen hahmo, joka oli pukeutunut riekaleisiin **kaavoihin,** tervehti heitä tietävästi hymyillen.

Hänen opastuksellaan Jack oppi tikarin muinaiset salaisuudet. Hän huomasi, että sen voimaa ei ollut tarkoitus käyttää **henkilökohtaisen** hyödyn tavoittelemiseksi vaan suuremman hyvän vuoksi. Tuulia ei ollut tarkoitus kesyttää, vaan niitä oli kunnioitettava ja hallittava taitavasti. Uudella **viisaudella** varustautuneena Jack palasi Mustalle Käärmeelle valmiina johtamaan miehistöä myrskyisillä merillä. Kun myrskypilvet hälvenivät ja tuulet tyyntyivät, kapteeni Blood, joka oli vaikuttunut Jackin rohkeudesta ja **päättäväisyydestä,** tunnusti tämän johtajuuden. Hajaantunut miehistö liittoutui uuden kapteeninsa taakse. Jokaisen onnistuneen matkan myötä kapteeni Bloodin maine muuttui. Hänet tunnettiin paitsi häikäilemättömyydestään myös kyvystään navigoida **vaarallisimmillakin** vesillä vahingoittumattomana.

Comprehension Questions

1. Who was the notorious pirate ruling the seas in the Caribbean?
2. What was the reputation of Captain Blood among sailors and merchants?
3. What special possession did Captain Blood have?
4. What were the rumored powers of the legendary dagger?
5. How did Jack come across the dagger?
6. What happened when Jack touched the hilt of the dagger?
7. What challenges did Jack and the crew face as they sailed through rough waters?
8. Where did Jack seek guidance in order to harness the power of the dagger?
9. Describe the island where the sea witch resided.
10. How did Jack's perspective on using the power of the dagger change after learning from the sea witch?

Ymmärtämisen Kysymykset

1. Kuka oli pahamaineinen merirosvo, joka hallitsi Karibian meriä?
2. Mikä oli kapteeni Bloodin maine merimiesten ja kauppiaiden keskuudessa?
3. Mitä erityistä omistusoikeutta kapteeni Bloodilla oli?
4. Mitkä olivat legendaarisen tikarin huhutut voimat?
5. Miten Jack törmäsi tikariin?
6. Mitä tapahtui, kun Jack kosketti tikarin kahvaa?
7. Millaisia haasteita Jack ja miehistö kohtasivat purjehtiessaan karuilla vesillä?
8. Mistä Jack haki opastusta valjastaakseen tikarin voiman?
9. Kuvaile saari, jossa merinoita asui.
10. Miten Jackin näkökulma tikarin voiman käyttöön muuttui sen jälkeen, kun hän oli oppinut merinoidalta?

The Secret in Room 303

In the heart of a quaint little inn, tucked away on a peaceful street, stood Room 303. It was said to hold a secret—an elusive **enigma** that had piqued the curiosity of guests for generations. The innkeeper, Mr. Jenkins, had always been tight-lipped about the room, deflecting questions with a knowing smile. No one had ever discovered the truth, and it remained a source of **intrigue** and speculation. One rainy evening, a weary traveler named Sarah arrived at the inn. As she checked in, her eyes lingered on the brass key labeled "303." She couldn't resist the allure of the mystery surrounding the room. With a flicker of excitement, she ascended the creaking **staircase**, her footsteps echoing through the **corridor**.

Sarah's heart raced as she inserted the key into the **lock** and turned it with anticipation. The door creaked open, revealing a room suffused with a warm, golden glow. The walls were adorned with antique paintings, and a soft, inviting fragrance filled the air. But it was the **ornate** wooden wardrobe standing in the corner that captured Sarah's attention. Driven by an irresistible urge, Sarah approached the wardrobe and opened its doors. Inside, she found a **collection** of handwritten letters tied with delicate ribbons. They were love letters, brimming with passion and longing. As Sarah read through them, she felt an inexplicable connection to the

Salaisuus Huoneessa 303

Viehättävän pienen majatalon sydämessä, piilossa rauhallisella kadulla, sijaitsi huone 303. Sen sanottiin pitävän sisällään salaisuuden - vaikeasti lähestyttävän **arvoituksen**, joka oli herättänyt vieraiden uteliaisuuden sukupolvien ajan. Majatalon isäntä, herra Jenkins, oli aina ollut salamyhkäinen huoneen suhteen ja torjunut kysymykset tietävällä hymyllä. Kukaan ei ollut koskaan saanut totuutta selville, ja se oli edelleen **juonittelun** ja spekulaatioiden lähde. Eräänä sateisena iltana majataloon saapui väsynyt matkustaja nimeltä Sarah. Kun hän kirjautui sisään, hänen katseensa pysähtyi messinkiseen avaimeen, jossa luki "303". Hän ei voinut vastustaa huonetta ympäröivän mysteerin viehätystä. Hän nousi innostuneena narisevia **portaita**, ja hänen askeleensa kaikuivat **käytävällä**.

Sarahin sydän raksutti, kun hän työnsi avaimen **lukkoon** ja käänsi sitä odottaen. Ovi aukesi narisevasti ja paljasti huoneen, joka oli täynnä lämmintä, kultaista hehkua. Seiniä koristivat antiikkimaalaukset, ja pehmeä, kutsuva tuoksu täytti ilman. Sarahin huomion kiinnitti kuitenkin nurkassa seisova **koristeellinen** puinen vaatekaappi. Vastustamattoman halun ohjaamana Sarah lähestyi vaatekaappia ja avasi sen ovet. Sisältä hän löysi **kokoelman** käsinkirjoitettuja kirjeitä, jotka oli sidottu hienoilla nauhoilla. Ne

emotions penned on the faded pages. Intrigued, Sarah spent days immersing herself in the letters' stories, each one unraveling a tale of **romance** and heartache. She discovered that Room 303 had once been a sanctuary for secret lovers—an escape from the outside world. It was a place where souls intertwined, where clandestine rendezvous were whispered in hushed tones.

But as Sarah delved deeper into the letters, she realized that their stories were not confined to the past. They echoed with **timeless** lessons of love, forgiveness, and resilience. The secrets within Room 303 had transcended time, offering solace and **guidance** to those who sought it. Inspired by the letters' wisdom, Sarah began to write her own story. She penned letters of hope, gratitude, and self-discovery. She poured her heart onto the pages, knowing that the secrets of Room 303 had touched her in ways she couldn't **explain**. As Sarah prepared to leave the inn, she carefully returned the letters to the wardrobe, preserving the room's secret for the next curious traveler. She bid farewell to Mr. Jenkins, who smiled knowingly, as if he had anticipated her **journey** all along.

olivat rakkauskirjeitä, täynnä intohimoa ja kaipausta. Kun Sarah luki niitä läpi, hän tunsi selittämätöntä yhteyttä haalistuneille sivuille kirjoitettuihin tunteisiin. Kiinnostuneena Sarah vietti päiviä uppoutuen kirjeiden tarinoihin, joista jokainen paljasti tarinan **romantiikasta** ja sydänsuruista. Hän sai selville, että huone 303 oli aikoinaan ollut salarakkaiden turvapaikka - pakopaikka ulkomaailmasta. Se oli paikka, jossa sielut kietoutuivat toisiinsa, jossa salaiset tapaamiset kuiskattiin hiljaisella äänellä.

Mutta kun Sarah syventyi kirjeisiin, hän tajusi, että niiden tarinat eivät rajoittuneet menneisyyteen. Niissä kaikui **ajattomia** opetuksia rakkaudesta, anteeksiannosta ja kestävyydestä. Huone 303:n salaisuudet olivat ylittäneet ajan, ja ne tarjosivat lohtua ja **opastusta** niille, jotka sitä etsivät. Kirjeiden viisauden innoittamana Sarah alkoi kirjoittaa omaa tarinaansa. Hän kirjoitti kirjeitä toivosta, kiitollisuudesta ja itsensä löytämisestä. Hän vuodatti sydämensä sivuille tietäen, että huoneen 303 salaisuudet olivat koskettaneet häntä tavalla, jota hän ei voinut **selittää**. Kun Sarah valmistautui lähtemään majatalosta, hän palautti kirjeet varovasti vaatekaappiin säilyttäen huoneen salaisuuden seuraavalle uteliaalle matkustajalle. Hän jätti hyvästit herra Jenkinsille, joka hymyili tietävästi, aivan kuin hän olisi odottanut Sarahin **matkaa** koko ajan.

Comprehension Questions

1. What is the significance of Room 303 in the inn?
2. How does Sarah feel when she first sees the key labeled "303"?
3. What does Sarah find inside the wardrobe in Room 303?
4. What kind of emotions do the handwritten letters in the wardrobe convey?
5. How does Sarah spend her time after discovering the letters?
6. What does Sarah realize about the stories in the letters?
7. What lessons does Sarah learn from the letters in Room 303?
8. How does Sarah respond to the wisdom she gains from the letters?
9. What does Sarah do with the letters before leaving the inn?
10. How does Mr. Jenkins react to Sarah's departure from the inn?

Ymmärtämisen Kysymykset

1. Mikä on majatalon huoneen 303 merkitys?
2. Miltä Sarahista tuntuu, kun hän näkee ensimmäisen kerran avaimen, jossa lukee "303"?
3. Mitä Sarah löytää huoneen 303 vaatekaapista?
4. Millaisia tunteita vaatekaapissa olevat käsinkirjoitetut kirjeet välittävät?
5. Miten Sarah viettää aikaansa löydettyään kirjeet?
6. Mitä Sarah tajuaa kirjeiden sisältämistä tarinoista?
7. Mitä Sarah oppii huoneessa 303 olevista kirjeistä?
8. Miten Sarah suhtautuu kirjeistä saamaansa viisauteen?
9. Mitä Sarah tekee kirjeillä ennen majatalosta lähtöä?
10. Miten herra Jenkins reagoi Sarahin lähtöön majatalosta?

Printed in France by Amazon
Brétigny-sur-Orge, FR

14729775R00090